ELISA BUSSONI

PASSAGGIO GENER-AZIENDALE

Come Affrontare Le Ansie e Le Emozioni Derivanti Dal Passaggio Generazionale e Diventare Un Giovane Imprenditore Di Successo

Titolo

"PASSAGGIO GENER-AZIENDALE"

Autore

Elisa Bussoni

Editore

Bruno Editore

Sito internet

http://www.brunoeditore.it

Sommario

Dedico questo libro a tutti i figli d'arte.

Prefazione

Prima di lasciarvi alla lettura del libro di Elisa Bussoni, penso che sia utile accendere una luce che possa fare chiarezza sulle parole "Passaggio generazionale".

A che cosa si riferisce? Quale valenza assume? Di norma, il passaggio generazionale è quella fase in cui un erede succede al fondatore nella gestione organizzativa e strutturale di un'azienda familiare, in particolare piccola e media impresa italiana.

Il passaggio non include solo un cambio di ruolo tra una o due persone, ma comporta il trasferimento di conoscenze e competenze acquisite in anni di esperienza.

È una fase molto delicata. Dai numeri in mio possesso ho rilevato che il passaggio non si compie in modo completo nel 40% dei casi: un dato allarmante che, come conseguenze, può portare al fallimento, alla vendita o alla cessione delle imprese che intraprendono questo percorso evolutivo; nonché alla perdita di posti di lavoro o alla dispersione di patrimoni fondamentali rappresentati dalle nostre aziende, come quello delle conoscenze, delle capacità manuali, delle tradizioni, dei legami con il territorio.

Per eludere i possibili rischi è stato richiesto il mio intervento per costruire, osservare e monitorare il profilo dell'erede, con l'obiettivo di capire se quest'ultimo avesse le motivazioni e le attitudini per ricoprire il posto del fondatore.

Ogni richiesta d'intervento che mi è stata fatta era nel cento per cento dei casi tardiva: un processo di tale importanza si configura in anni di transizione, perciò non basta dire che "mio figlio mastica pane e azienda con noi da quando era bambino...", bisogna invece analizzare la situazione in profondità.

La verità è che già nell'espressione "Passaggio generazionale" ho sempre visto una forzatura. Passaggio... obbligato? Passaggio tra chi? Generazionale? Tra quante e quali generazioni? E se parliamo di due fratelli coetanei, come lo chiamiamo? Passaggio laterale?

La superficiale obbligatorietà di questa transizione è la prima fase da cui ho sempre cercato di allontanarmi. Certo, sarebbe bello che ogni nostra impresa si tramandasse di generazione in generazione, ma purtroppo non è così.

Quanti di noi si trovano di fronte a un cambio di prospettiva perché, magari, nostro figlio ha scelto un liceo invece di un altro, come invece ci aspettavamo?

Il ragazzo può possedere delle attitudini diverse, ma a volte i familiari non capiscono questo semplice concetto: essi possono fare fatica non solo a riconoscerlo ma, perfino, ad accettarlo.

Queste e altre dinamiche sono quelle che ho ritrovato in ventitré anni di esperienza pratica come *profiler*. Ho girato l'Italia e ho raccolto, fino al giugno 2017, circa 12.126 situazioni riconducibili a passaggi generazionali.

I settori in cui sono intervenuto sono stati diversi: organizzazioni aziendali, studi professionali, società di consulenza e, in alcuni casi, società sportive.

Col passare del tempo sono riuscito a estrarre prima le macro analisi e poi gli elementi comuni, scoprendo che alcuni di essi risultavano ricorrenti. Infine, ho utilizzato gli strumenti del mio mestiere, i test del potenziale, per comprendere le motivazioni del fondatore e capire se gli eredi fossero in grado di prendere in mano le redini dell'azienda e continuare il progetto.

Qual è il ruolo da affidare all'erede? Quali devono essere le sue competenze? In particolare, ero interessato a comprendere quali fossero i fattori che avrebbero potuto favorire o ostacolare il passaggio generazionale.

Il primo fattore ricorrente è la chiarezza condivisa del passaggio. Nei protagonisti purtroppo si attua un grande inganno inconscio e a volte, purtroppo, conscio; si pensa che il passaggio sia ineluttabile, un atto dovuto, e le motivazioni e le aspettative di tutti i protagonisti vengono date per scontate.

In altri casi c'è la totale mancanza di volontà di passare il testimone da parte di chi un giorno dovrà farlo. Infatti, quando arriverà il momento, inizierà l'autosabotaggio del fondatore, un meccanismo sottile e complesso: è facile da riconoscere per un occhio esperto, mentre non risulta sempre riconoscibile dagli eredi.

Un altro fattore ricorrente è l'equivoco, ovvero lo scambio di identità tra legame di sangue e competenze: non ci si rende conto che ogni persona è diversa dall'altra e il passaggio non si innesca mai. In pratica, si dà per scontato che l'erede abbia come per imprinting il Dna del predecessore.

Altro fattore ricorrente è l'incapacità conclamata da parte dei genitori imprenditori di trasferire competenze nei figli o familiari.

Un tratto tipico dei timonieri delle Pmi italiane della precedente generazione è quello di essere dei leader autodidatta, di essersi fatti da soli: questa particolare tipologia di leader usa spesso l'esempio per addestrare e insegnare.

Le stime dicono che l'esempio è una delle forme peggiori di insegnamento: il metodo "guarda come faccio io e impara", trasferisce solo un sei per cento del contenuto dell'azione che si vuole mostrare. Perciò, il leader autodidatta non costruisce deleghe manageriali, partorisce altri autodidatta rendendo vano fin dal principio il passaggio che, anche se avviene, finisce nelle mani di un nuovo autodidatta e così si ricomincia.

Inoltre, questo fattore ne introduce un altro: la frustrazione degli eredi, i quali provano una stima talmente alta per il fondatore che rasenta la mitizzazione. Questa è spesso una delle cause più frequenti di fallimento del progetto di passaggio.

Infatti, si innesca un forte senso di inferiorità che deriva dal confronto tra il mito e l'erede, il quale metabolizza un principio che riduce la sua autostima al minimo: "io non sarò mai come lui".

Ci sono poi casi molto frequenti in cui l'erede non vuole proprio assomigliare al fondatore. Anzi, si può dire che lo detesti e voglia invertire la rotta, cambiando lo stile aziendale tramite idee più moderne. Ma questa è forse un'altra storia.

Il libro di Elisa Bussoni ha il merito di essere scritto con il cuore, più di ogni altro libro sull'argomento, da una giovane figlia d'arte.

Troverete molti di questi fattori nelle testimonianze da lei raccolte: tracce che hanno anche il merito di mettere in luce i compromessi di una generazione di ragazzi che hanno vissuto in azienda all'ombra del nonno, del padre o della madre, senza avere avuto fino in fondo il coraggio di prendere una strada diversa, al di fuori, e aspettando il momento di salire sulla tolda di comando della nave.

Non hanno fatto i conti con la scorza dura dei loro avi, che ancora, dopo decenni, sono più vivi e vegeti che mai, e che anzi con la loro energia hanno succhiato ogni aspettativa dei loro eredi.

Su questo, con Elisa, ci siamo trovati negli anni scorsi a pensare al prototipo di tutti i mancati passaggi generazionali: Carlo, principe del Galles (Charles Philip Arthur George, Londra, 14 novembre 1948).

Il figlio maggiore della regina Elisabetta II del Regno Unito e di Filippo, duca di Edimburgo. È erede al trono britannico dal 6 febbraio 1952 e questo fa di lui il più duraturo e il più longevo erede al trono della storia delle isole britanniche.

Infatti, per la durata ha superato re Edoardo VII che fu erede al trono della regina Vittoria dal 1841 al 1901; mentre per longevità, il 20 settembre 2013, ha superato re Guglielmo IV, salito al trono all'età di 64 anni, 10 mesi e 5 giorni.

Come non pensare al fatto che in fondo abbia fatto comodo anche a lui, che nel 2017 è ancora in attesa che Elisabetta vada in pensione? Con una differenza abissale: il Regno Unito difficilmente chiuderà i battenti per mancato passaggio generazionale.

Paolo Morabito
Project Manager in Passaggi Generazionali
Responsabile R&S di procedurepronte.store

Introduzione

Perché ho accettato questa sfida?

Mi dissero che partecipare alla stesura di questo libro sarebbe stato terapeutico e così, a distanza di anni, posso confermarlo: lo è stato fin troppo.

Ho iniziato a scrivere questo volume a seguito di una mia esperienza personale: sono figlia di imprenditore di vecchio stampo che ha dovuto mettere tutta sé stessa per dimostrare al proprio padre, e non solo, di valere.

Che dispendio di energie... Quanti scontri contro il muro... E quante emozioni si sono intrecciate...

E in più: in un periodo impegnativo e delicato della mia vita lavorativa, mi sono chiesta: "Ma ciò che sto vivendo, capita soltanto a me o anche ad altri giovani imprenditori?".

Per giovani imprenditori, intendo quei ragazzi e ragazzi che vanno da un'età compresa tra i 20 e i 40 anni. Accipicchia, 40 anni! Ebbene sì, 40 anni…

E così ho cominciato a indagare; inizialmente forse era come cercare negli altri una consolazione e quindi avere maggiore forza per andare avanti.

Poi, con il passare del tempo, mi sono resa conto che gli intervistati trovavano giovamento nel parlare con me, perché li ascoltavo senza giudicarli e quindi mi sono ritrovata ad aiutare, condividendo la mia esperienza, altri giovani che vivevano una fase critica della loro vita lavorativa, soprattutto nella gestione del rapporto con i propri padri titolari.

Molti intervistati mi dicevano:

"Questo libro sarà un dramma. Molti imprenditori 'anziani', se lo leggeranno (cosa molto improbabile), ti diranno che sei un'ipocrita, che non porti rispetto per ciò che hanno fatto per noi giovani.".

"Nessun imprenditore leggerà questo libro, perché non vorranno sentire, perché è tuo il problema, non il loro".

"Voglio che quando parlerai di me, non venga scritto il mio nome... non vorrei che mio padre, riconoscendomi, pensasse che sono debole e quindi che non valgo niente".

"L'idea di fare un libro di questo genere è bella. Magari riuscirai ad aprire gli occhi a certi genitori imprenditori".

"Sei una grande, io non avrei il coraggio di espormi così tanto".

Facendo le interviste, mi sono resa conto che tutti i giovani imprenditori intervistati avevano dei punti in comune.

Tutti vivevano le stesse dinamiche emozionali con i propri genitori in azienda: il volersi fare rispettare, il non riuscire a farsi capire, la paura di sbagliare, la paura di non essere all'altezza e quindi di deludere il proprio padre, e il desiderio da parte del figlio di sentirsi un giorno dire dal proprio genitore: "Grazie dell'aiuto che mi stai dando e grazie di aver scelto di portare avanti la mia azienda, la nostra azienda".

Mi sono anche resa conto che cercare continuamente all'esterno delle prove che dimostrino il tuo valore richiede un grande dispendio di energie.

Prova immaginare se tutta quell'energia fosse convogliata nella realizzazione di un obiettivo. I nostri padri purtroppo non sempre si rendono conto che forza abbiamo dentro di noi. E magari anche noi, *in primis*, non lo sappiamo.

Il punto è uno: cerca di ritrovare quella luce della consapevolezza del tuo valore dentro di te, che c'è, esiste, è necessario solo spolverare qua e là e andare magari a fondo, ma c'è, ognuno la possiede… ma se rimane nascosta a lungo, è normale dimenticarsene e, in una qualche maniera, ci viene più comodo farci dire dagli altri chi siamo. Così vieni etichettato: "sei bravo solo a… non sei capace di… non riesci a…" e via dicendo.

Poi arriva il momento in cui una vocina interiore ti urla di darti una mossa, che non sei quello o quella che gli altri pensano e così cerchi di fare qualsiasi cosa per dimostrare, dimostrare e dimostrare ancora…

Sono arrivata a una conclusione: non m'interessa cosa dice o pensa il "mondo esterno". La vita è una, non far passare gli anni, usa la tua energia per creare qualcosa per te e per gli altri; cerca di non perdere tempo, perché il tempo non è una risorsa illimitata.

Se non riesci all'interno dell'azienda di tuo padre, fallo all'esterno. Ma non offuscare la tua luce, falla brillare in altri modi; non coprirla, non celarla, sentiti libera (o libero) di mostrare la tua vera natura.

Come diceva Yogi Raman: "Ogni secondo che trascorri pensando ai sogni di qualcun altro, lo sottrai ai tuoi".

Perché la fonte della vera felicità è la realizzazione e solo grazie a essa puoi accendere il fuoco interiore che si nasconde dentro di te. Se non ti senti realizzato, sei morto. Inizi a sentirti demotivato, depresso, stanco… ma un giovane non deve sentirsi così.

Un giovane è vita! Se credi di essere incapace di fare qualcosa, questo condizionerà la tua autoimmagine e l'autoimmagine negativa saboterà ogni tuo sforzo.

Potrà sembrare strano al lettore superficiale, ma con questo libro non voglio dare contro a mio padre. Tutto ciò che scrivo nasce dal mio "dentro" e pertanto rappresenta l'espressione di tanti stati d'animo che si sono susseguiti nel corso di circa vent'anni di lavoro alle dipendenze di mio padre.

Io lo rispetto e mi inchino davanti a lui per ciò che è riuscito a creare; da sempre mi sono messa in prima linea per difenderlo in qualsiasi circostanza, soprattutto da chi, per qualsiasi motivo, non gli portava rispetto.

Rispetto: parola per me di estrema importanza.

Fin da piccola l'ho sempre venerato: ciò che lui diceva, per me era legge. Purtroppo però crescendo ho vissuto diverse ingiustizie e mio padre si è imbattuto in una figlia che vuole fare della sua esperienza non una lapide su cui piangere, ma una storia, da cui altri giovani, nella sua stessa condizione, potranno prendere esempio e imparare ad alleviare quel malessere che spesso, senza volerlo e senza alcuna intenzione, i genitori titolari generano nei propri figli.

Mi piacerebbe che tutti quei genitori che hanno la fortuna di avere dei figli in gamba alle proprie dipendenze, leggessero questo libro, per rendersi conto che grande dono hanno avuto e che valore aggiunto la loro attività avrebbe se si sforzassero di credere di più nelle idee e nella natura dei loro figli.

Perché proprio i tuoi genitori sono quelli che meno ti conoscono nel profondo? Perché spesso i figli davvero in gamba sono più apprezzati da professionisti esterni che dai loro genitori?

Perché molti genitori che leggeranno la domanda sopra penseranno che non è vero? Perché diversi figli decidono di uscire dall'azienda di famiglia e fare esperienza altrove?

Perché nelle interviste fatte, l'80% degli intervistati a molte domande si è commosso? Ho forse prodotto in loro un subbuglio interiore, cogliendo in pieno il problema? Sono forse una maga?

O, come potrebbero pensare alcuni "senior", i giovani di oggi sono tutti dei "bamboccioni"? Penso che la risposta vada ben oltre l'apparenza.

Buona lettura e, mi auguro, buona apertura!

Capitolo 1:
Il cambiamento come opportunità

"Imparare è un'esperienza,
tutto il resto è solo informazione"
(Albert Einstein)

Mi decido a contattare amici che conosco, figli di imprenditori che lavorano nell'impresa di famiglia con l'intento di andare a trovarli e fare due chiacchiere sul loro ruolo in azienda, nonché sulle loro prospettive di crescita in quell'ambito lavorativo.

Se inizialmente poteva sembrare una semplice chiacchierata, in realtà mi sono resa conto successivamente di essermi catapultata in una vera e propria "trincea".

Entro nella prima azienda e chiedo di Carlo, naturalmente il figlio (nome puramente di fantasia). Pochi minuti e il padre si presenta all'appuntamento per "scortare" Carlo; mi fissa con quello sguardo interrogativo quasi a voler fare un'accurata indagine di chi potessi essere.

Dopo avere appurato le ragioni della mia visita, accetta di ascoltare la mia prima domanda, ma con l'espressione di chi sembra dire: "Cerchiamo di fare in fretta, perché non ho tempo da perdere con queste sciocchezze!".

Carlo, invece, è contentissimo... vede in me colei che gli pone dei quesiti, quasi una luce divina. Sembra dire: "Finalmente è arrivato qualcuno che fa aprire gli occhi a mio padre".

Il padre è subito pronto a rispondere con entusiasmo, sembra anche desideroso di mettersi in gioco e Carlo appare soddisfatto... "forse questa è la volta buona che cambia qualcosa".

Una bella stretta di mano e iniziamo con l'intervista:
D. "Cosa pensa voglia dire passaggio generazionale?"
R. (da dizionario): "Passaggio generazionale significa trasferire la guida dell'impresa dai genitori ai figli".

Poche parole chiare e semplici, ma che racchiudono nel loro significato lo sforzo estremo da parte del titolare di vedere, in questo processo di trasformazione, un'opportunità di crescita e di arricchimento della propria azienda e non una minaccia.

D. "Nei fatti, quale sarà il cambiamento, secondo voi?".
Padre: "Adesso vediamo, è presto, mio figlio deve ancora crescere, ci vuole pazienza…".
Da queste prime battute, ho tratto subito alcune considerazioni.
Penso che non ci sarà nessun cambiamento, nessuno… Perché?

Perché, *in primis*, ho avuto la sensazione che la mia presenza sconosciuta, arrivata dall'esterno, che veniva a fare domande e a parlare di cambiamento all'interno della loro azienda, "non era assolutamente degna di avere la loro fiducia", soprattutto quando il padre si è reso conto che il primo a mettersi in discussione doveva essere proprio lui.

Quindi, quel sorriso iniziale del genitore, si trasformò ben presto in uno sguardo di diffidenza, di cambiamento.

In secondo luogo, per un imprenditore che ha visto nascere la propria azienda, è molto difficile lasciarla andare. Il rapporto che si crea tra imprenditore e azienda è forse più forte di quello tra padre e figlio.

Tendenzialmente il padre titolare "tipo" è un accentratore e un gran lavoratore... Come le fa lui le cose non le fa nessuno. È vulcanico, ha mille idee alla volta e deve avere tutto sotto controllo.

La sua vita è l'azienda: non esiste differenza tra azienda e casa: sono un tutt'uno. Provate quindi a immaginare come può un imprenditore del genere staccarsi dalla sua creatura... E provate dunque a dare un ruolo a suo figlio in azienda... se riuscite...

Delegare non è facile. Richiede tempo, fatica e motivazione. E perché, in fondo, un genitore titolare dovrebbe delegare al figlio? Per avere più tempo per sé?

No, perché per un imprenditore di vecchio stampo, il proprio tempo deve essere speso solo nella sua azienda. Il suo lavoro e la sua azienda sono la sua passione e il tempo non è considerato un problema.

Per avere meno stress? Tendenzialmente non è soggetto a stress; chi è estremamente soggetto a stress sono coloro che gli stanno vicino.

Per far progredire le persone? Nessuno è capace come lui e nessuno riuscirà ad essere come lui. Per migliorare i risultati? Solo se è lui presente le cose vanno bene. Per migliorare i risultati bisogna produrre! Alzare le maniche, abbassare la testa e stare più tempo possibile in produzione.

Per migliorare l'organizzazione aziendale? Così come ha deciso lui va bene. Ogni iniziativa da parte di qualcuno, specialmente da parte del figlio, deve essere monitorata e accettata dal padre titolare; l'80% delle proposte viene bocciato… mai dirgli come fare le cose o proporre soluzioni innovative. Il primo a pensarle e a dirle deve essere lui.

Tendenzialmente, ci sono alcune caratteristiche comuni nel

prototipo dell'imprenditore padre:

- È un accentratore.

- Come le fa lui le cose, non le fa nessuno.

- "Dai a me che faccio prima".

- È vulcanico, pensa a mille cose alla volta.

- Deve avere tutto sotto controllo.

- La sua vita è l'azienda: non esiste differenza tra azienda e casa: sono un tutt'uno.

Essere figli di imprenditori, quindi, non è facile, perché non sai mai come comportarti. O meglio, all'inizio, quando si entra in azienda, si hanno le idee molto chiare, poi qualcosa cambia... tutto si annebbia e solo lì si capisce di che pasta sei fatto.

RIEPILOGO DEL CAPITOLO 1:

- SEGRETO n. 1: impara ad ascoltare.

- SEGRETO n. 2: cerca di capire cosa significa per il proprio padre la sua azienda: se è la sua passione, ricordati che devi entrarci in punta di piedi.

- SEGRETO n. 3: impara a conoscere tuo padre nella nuova veste di imprenditore.

- SEGRETO n. 4: adattati ai suoi comportamenti, non fare resistenza.

- SEGRETO n. 5: non dare mai nulla per scontato.

Capitolo 2:
Come cambiare prospettiva

"Quando comunicate con le persone,
ricordate che non avete a che fare
con esseri dotati solo di logica...
Ma con creature dominate dalle emozioni"
(D. Carnegie)

Penso che tutto sia iniziato all'età di 13 anni, quando, come normalmente succede ai ragazzi di quell'età, con il passaggio alle scuole superiori dovevo decidere che cosa fare da grande... Non sapevo neanche girare in città da sola e dovevo decidere che cosa avrei fatto da grande...

Ho sempre ammirato quei bambini che già all'età di 10 anni sapevano che lavoro avrebbero fatto una volta terminata la scuola... la loro determinazione e la loro visione chiara nei confronti del futuro.

28

A me invece, ragazza timida e "di chiesa", spaventava molto pensare al futuro e, anche se a volte ci provavo, vedevo solo del buio, nessuna luce ispiratrice.

Ma di una cosa ero certa: non volevo andare all'università, perché volevo andare a lavorare e diventare il prima possibile indipendente economicamente... non mi interessava che tipo di lavoro avrei fatto, mi sarebbe andata bene qualsiasi cosa.

Questo era sicuramente un campanello d'allarme. L'Elisa ancora pura, non contaminata dal mondo lavorativo, voleva essere indipendente. Ma mi viene da chiedere: solo economicamente?

E così nella scelta della scuola fui consigliata dai miei genitori che m'indirizzarono verso un Istituto tecnico commerciale: "Sapere la contabilità, ti servirà sempre nella vita!". Ed effettivamente, con il senno di poi, non avevano tutti i torti.

Terminata la scuola, fui subito arruolata nell'impresa di famiglia: diedi l'esame di maturità a metà giugno e a fine agosto ero già alle dipendenze di mio padre.

Penso che questo sia stato uno dei miei più grossi sbagli… Non impormi cioè, nel fare prima, esperienze fuori dalla realtà familiare.

Ricordo ancora quando mio padre mi disse a fine agosto: "Allora, ti devi informare dal commercialista per iniziare a lavorare. Non vorrai restare con le mani in mano?!".

Attenzione! A fine agosto, subito dopo l'esame di maturità e non a fine agosto di due anni dopo! E così, a testa bassa, ma con tante aspettative, iniziai il mio nuovo lavoro.

Ma, come misi i piedi in azienda, feci un altro grande errore: nella mia totale ingenuità pensavo, forse, che il lavoro fosse un seguito della vita familiare, ma mi sbagliavo.

Uno dei miei più grossi scogli da superare fu accettare che l'uomo che io chiamavo papà, con cui mi divertivo alla sera nel lettone o con cui facevo i tuffi in piscina, sul lavoro era un'altra persona.

Era il titolare di un'impresa artigiana con le varie problematiche da affrontare ogni giorno, e io ero la figlia di un imprenditore di vecchio stampo, secondo cui occorreva lavorare, lavorare e lavorare... punto.

Prima di iniziare l'avventura nell'azienda di famiglia, mi sentivo dire: "E va bene, tu sei fortunata, appena finisci la scuola, tu hai tuo padre che ti dà una scrivania...", pertanto, secondo le persone, io, essendo la figlia del titolare, avevo la strada in discesa.

Ciò lasciava intendere che, indipendentemente che fossi intelligente o meno, o che mi meritassi quel lavoro oppure no, io avevo già un posto fisso e quindi non potevo dimostrare il mio vero valore. Questo mi ha dato sempre molto fastidio.

Ecco perché, per me, l'affermazione "figlia di imprenditore = strada spianata" è completamente falsa.

Appena ottenuto il diploma, sono entrata subito in azienda per occuparmi di "amministrazione" (si fa per dire...).

Non solo ho dovuto di nuovo imparare da zero cosa fosse la

contabilità (nonostante avessi fatto cinque anni in uno dei migliori istituti tecnici della mia città e uscita con la votazione di 52 su 60), ma ho dovuto capire tutto il processo di lavorazione all'interno di una tipografia: grafica, impianti, computer, programmi, stampa, problematiche tecniche, preventivazione, clienti e fornitori, confezione e spedizione, e non solo.

All'inizio, a chi mi chiedeva che ruolo avessi in azienda, rispondevo "sono un jolly" ed ero orgogliosa di me stessa, perché significava che facevo di tutto e pertanto contribuivo a mandare avanti la nostra impresa.

Oggi, però, a chi mi chiede: "Qual è il tuo ruolo in azienda?". Rispondo: "Non lo so".

Ruolo in azienda

Tendenzialmente quando entri nell'azienda di tuo padre ti viene affidato un compito… normalmente qualcosa inerente all'ufficio… conti, numeri, Ddt, accettazione clienti, fornitori ecc., senza valutare effettivamente cosa vorresti fare, quali potrebbero essere le tue caratteristiche che, messe in un determinato ruolo, potrebbero portare un valore aggiunto all'impresa.

Ma, nella maggior parte dei casi, non si ha un ruolo ben definito: "Sei appena arrivato, sei inesperto, sei un numero in più, mettiti lì e inizia a fare... osserva e impara".

Questo ci può stare nei primi anni, perché all'inizio sei pieno di entusiasmo, vuoi imparare tutto della "tua azienda" e quindi va bene così, anzi sei felicissimo di essere un "tuttofare".

Poi però il tempo passa, tu sei ancora lì a fare tutto e perdi la tua vera identità; arriverà un momento in cui ti chiederai: "Ma io qui dentro cosa e chi rappresento? Quel è il mio ruolo?". E nessuno riuscirà a darti una risposta, neppure tu.

Avere un ruolo definito è estremamente importante per vari motivi:
- responsabilizza le persone: un ruolo obbliga la persona a prendersi delle responsabilità; se invece non esiste, quella persona lavorerà con un altro spirito;

- aiuta a mettere più a fuoco l'organizzazione aziendale;
- si lavora meglio… il rapporto tra i colleghi è sicuramente migliore;
- aumenta l'autostima e aumenta la consapevolezza in ogni lavoratore del proprio valore all'interno dell'azienda;
- evita problemi di comunicazione tra le persone.

Quando non si hanno ruoli ben definiti, succede spesso che uno stesso collega riceva input differenti e da più persone e questo genera caos, confusione e insicurezza; a questo punto è spontaneo chiedersi: "Chi devo ascoltare?". La risposta è: "Chi mi paga.". Quindi il lavoro di tutti gli altri viene azzerato.

Penso che la mancanza di ruoli definiti all'interno dell'azienda sia il primo modo per creare confusione e malessere e forse uno dei primi motivi di auto licenziamento, perché si crea pian piano un disagio generale, che a lungo andare fa sì che non si stia più bene "sono tutte brave persone", "hanno sempre pagato con puntualità", "ci tengono al proprio lavoro"…"eppure c'è qualcosa che non mi fa stare bene…".

Da sempre ho odiato i numeri, perché fin da piccola, nella mia mente, si cancellavano, non avevano alcun valore: il 3 era esattamente per me come qualsiasi altro numero... Ho saputo solo nell'età adulta che era una forma di dislessia, ma ai tempi non si conoscevano questi disturbi e quindi ho dovuto imparare a conviverci...

Ricordo che all'età di sette anni, quando andavo a giocare dalle amichette vicino a casa mia, la nonna mi diceva: "Alle 18 devi tornare a casa".

Io sono sempre stata una bambina giudiziosa, quando mi dicevano una cosa, obbedivo sempre. Ma quando mi davano degli orari, dopo due minuti di strada, quei numeri si erano volatilizzati e quindi, nonostante mi sforzassi di ricordare, tornavo a casa in orari sempre sbagliati e naturalmente venivo sgridata.

Ho raccontato questi episodi per far capire che rapporto ho con i numeri. Con il tempo sono certamente migliorata, in matematica avevo dei buoni voti, anche se mi sono sempre sentita dire "che potevo fare di più" (avrei voluto vedere loro, con la mia difficoltà, fare di più!).

Sono stata spinta a frequentare una scuola di ragioneria (ancora numeri) e da sempre lavoro a stretto contatto con i numeri (fatture, preventivi, bilanci ecc.). Ma io sono una creativa e non ho nulla a che fare con i numeri. Immagina che dispendio di energia ogni giorno…

È come se ogni giorno facessi in modo ottimale qualcosa che non c'entra nulla con me; per rimanere in tema, è come un numero moltiplicato per zero: il risultato non cambia, nonostante il mio sforzo a moltiplicare il numero più complesso e grande che ci sia!

Da sempre mi vedo nata pesce, ma sono sempre stata obbligata fin da piccola ad arrampicarmi sugli alberi.

Eh beh… subito mi sembrava una cosa praticamente impossibile, poi vedevo altre scimmiette che salivano sull'albero senza problemi e i miei genitori che mi "incitavano" con i confronti: "Vedi lei è molto brava, guarda come è intelligente… riesce ad arrivare in cima all'albero in pochissimo tempo". "Lei si che è in gamba!".

Io, che non mi sono mai sentita inferiore e meno intelligente, nel corso della mia vita, ho cercato di trovare il modo di arrampicarmi su quell'albero…

Ho dovuto capire come fare, trovare altre nuove strade perché quella che percorrevano gli altri non era per me e ho dovuto studiare il modo per salire… ho usato l'ingegno e la creatività per riuscire, ma ce l'ho fatta. Che gran fatica! Ma sono arrivata!

Oggi, però, che sono consapevole di essere un pesce che ha fatto della sua vita un'opera d'arte, chiedo alle altre scimmiette che mi hanno giudicato per le mie difficoltà di venire con me a fare una bella nuotata nel mare profondo… vediamo lì, chi siete veramente! Se siete davvero intelligenti…

Ecco perché è importante ritrovare sempre sé stessi; magari chi ti sta vicino ti vuole comunque bene, ma purtroppo non vede il tuo vero potenziale e il tuo talento e continua a crederti una scimmietta con qualità inferiori perché non riesci ad arrampicarti come tutte le altre.

Non permettete a quelle persone, genitori compresi, di impedirvi di credere nei vostri sogni, nel vostro talento, nel vostro istinto.

È l'istinto a guidarci e, se non lo ascoltiamo, ci urlerà sempre più forte e diventerà assordante... non potrai più fare finta di niente, perché quando quel momento arriverà, sarà ora di dire al mondo intero che sei un pesce e non una scimmietta e solleverai quella maschera che hai dovuto imparare ad amare e a indossare, ma che non ti è mai appartenuta.

Il maschilismo
Un altro grosso scoglio che dovetti affrontare fu il maschilismo. Per definizione il maschilismo è la presunta superiorità dell'uomo sulla donna. Presunta, appunto.

Per quanto riguarda la mia famiglia, tutti i pensieri maschilisti con cui da sempre ho convissuto nascono dal passato, sono stati tramandati a mio padre dalla sua famiglia.

Questo termine divenne di uso comune negli anni '60 per indicare un atteggiamento socio-culturale basato sull'idea di una supremazia maschile e sulla continuità del sistema patriarcale. Il maschilismo è quindi uomo.

Pertanto mio padre è cresciuto con quell'idea, con quella credenza, e per lui è sempre stata una certezza, sulla quale non si poneva dubbi o domande, perché aveva già tutte le risposte.

Spesso, infatti, il maschilista non sa di essere tale, magari pensa che le donne non si debbano toccare neanche con un fiore; confermo, infatti, che mai mio padre ha alzato le mani su di me... bastava solo il suo sguardo per farmi capire se avevo fatto qualcosa di sbagliato. Oggi non gliene faccio una colpa, ma nel passato non capivo.

Per anni mi sono sentita dire che una donna non poteva fare determinati lavori, perché solo gli uomini erano in grado di svolgerli. Tante volte mi sono scontrata su questo discorso con mio padre, soprattutto quel giorno in cui mi resi conto che queste affermazioni non venivano dette per scherzo, come fino ad allora speravo che fossero.

Così mi riproposi di dimostrare con i fatti e non a parole (che si rivelavano completamente inutili) che si stava sbagliando. Ho passato tanti anni, consumando tutta la mia energia, a dimostrargli che si sbagliava: le donne valevano quanto gli uomini o forse più. Quanto tempo perso. Quanta energia consumata. Tutto il mio focus era là. Solo là.

Per anni con il Fiorino aziendale ("il mio fiorino") consegnavo i lavori ai clienti: è stato un compito faticoso anche a livello fisico, ma con il tempo quella mansione si è dimostrata un valido mezzo per entrare direttamente in contatto con fornitori e clienti.

Un modo per farmi conoscere e farmi rispettare, dimostrando che anche una ragazzina minuta poteva fare lavori abitualmente destinati agli uomini.

È vero, c'è voluto del tempo, perché più di vent'anni fa non era scontato vedere una ragazzina fare questo tipo di lavoro e magari dall'esterno potevo non sembrare un gran genio, visto che mio padre *aveva deciso* di darmi un incarico da fattorino anziché da segretaria.

Ma a me non interessava e con il tempo mi sono resa conto che è stato un incarico di grande importanza per la fidelizzazione dei clienti negli anni a venire.

Non solo, quel tipo di impiego mi permise di diventare molto abile nella guida e perciò riuscii ad annientare il potere frustrante di frasi tipo: "Le donne non sanno guidare le automobili" o "Donna al volante pericolo costante", che come un mantra mio padre mi ha sempre ripetuto sin da piccola.

Addirittura, iniziai ad amare la guida e ricordo con grande orgoglio quando per la prima volta andai in pista per guidare una Ferrari e il copilota mi fece i complimenti affermando le mie buone abilità tecniche. Ci tengo, inoltre, molto a sottolineare di essere stata in quell'occasione l'unica donna tra quindici uomini…

Non si può sbagliare

L'inizio della mia carriera lavorativa fu piuttosto duro poiché mio padre era, con me, molto severo ed esigente. Non accettava che si sbagliasse, pertanto sono cresciuta in azienda con il concetto che "Non si può sbagliare. Se sbagli, non vali niente.".

Quante volte mi sono fatta prendere dal panico e dall'ansia per svolgere cose semplici, ma che allora sembravano insormontabili. Ciò mi portò a chiudermi ancora di più di fronte a fornitori e clienti.

Mi dicevo: "È meglio stare zitta e far fare tutto a mio padre (che da sempre è stata la sua politica) così ho più probabilità di non sbagliare".

Cercavo con tutta me stessa di evitare quelle situazioni in cui ero certa di non riuscire, in modo da non rischiare; volevo evitare che il mio timore di non essere all'altezza venisse in qualche modo confermato da mio padre: altro enorme errore.

Con il tempo mi accorsi che quel sistema si scontrava con la vera

Elisa, che poco a poco stava iniziando a venir fuori.

Un giorno mi arrivò via email, dall'Associazione di categoria A, cui l'azienda aderiva e aderisce tutt'oggi, un modulo di "arruolamento" di nuovi giovani imprenditori (intesi sia imprenditori, sia figli di imprenditori nella fascia di età 18-40 anni).

L'iscrizione era gratuita e, visto che non dovevo chiedere il consenso a mio padre, scrissi il mio nome su quel foglio e lo spedii.

Fu la mia prima iniziativa spontanea presa senza che nessuno mi dicesse se avevo fatto la cosa giusta o no e agii senza avere il minimo dubbio o paura. Che bella sensazione!

Da allora ho partecipato attivamente in Associazione e rivestito incarichi istituzionali; sono riuscita a ottenere diverse soddisfazioni personali e ancora oggi sono apprezzata dalla presidenza e direzione.

Purtroppo, però, in questi anni di vita associativa, c'è sempre stato in me un punto di amarezza. Giovani imprenditori: così chiamano anche i figli che lavorano alle dipendenze del padre.

Secondo me non si potrebbe trovare una definizione più sbagliata, perché in realtà sono solo giovani, non sono imprenditori; o meglio "qualcuno" cerca di farglielo credere, ma ciò provoca in loro una grande frustrazione. E come correggerla?

Penso che il tipico iter sia questo: appena il figlio raggiunge l'età per entrare nell'impresa di famiglia è una grande festa: il padre è molto orgoglioso, poiché vede in lui un *valido successore* e il figlio, ingenuamente, carico di idee e voglia di imparare, è pronto a farsi conoscere, a studiare qualcosa di innovativo per aiutare il padre a far crescere *la loro azienda*.

Ho scritto "valido successore" del padre... ma non adesso, che sia chiaro. Solo quando lui non ci sarà più. E non perché andrà in pensione – perché in quel caso lavorerebbe comunque – ma solo quando sarà passato a miglior vita.

Così, auspicando che il proprio padre possa vivere fino a 200 anni, i giovani "frustrati" saranno sempre più numerosi!

Le aziende non si ereditano, si meritano tutti i giorni sul campo, dando il proprio imprinting.

Pensiero comune è che quando si è figli di imprenditori tutto venga concesso.

In realtà, per poter essere definito tale, devi fare la tua gavetta, forse più pesante che per un dipendente comune; oltre alla difficoltà iniziale per entrare nel mondo del lavoro, devi fare i conti con il tuo stato psicologico, messo a dura prova da un padre titolare dell'azienda.

Ben presto ti accorgerai che l'impresa non è la tua, ma è la sua (di tuo padre) e le tue idee, in quanto giovane e inesperto, saranno prese ben poco in considerazione.

"E come potrebbe un giovane dirigere un gruppo di dipendenti più adulti, che da una vita fanno quel lavoro?". "E come può un giovane essere rispettato dalle banche o dai fornitori se non ha

45

garanzie e credenziali?".

"Il giovane viene preso sicuramente sotto gamba dal mondo esterno, non ha polso per prendere decisioni.". "I giovani hanno tanti sogni, ma la realtà aziendale è diversa.". "Non si può dall'oggi al domani cambiare le cose. È andata bene fino ad ora, perché dovremmo cambiare? Neanche a pensarci!".

Queste sono le affermazioni che sempre di più si sentono in azienda e ciò provoca nel giovane un senso d'inferiorità notevole e l'entusiasmo iniziale si tramuta ben presto in paura di agire. Ma la paura impedisce di cogliere il dono nascosto in ogni esperienza e il fatto di non poter sbagliare crea enormi limitazioni nell'apprendere.

È proprio vero che io non sono in grado?

La risposta è No! L'esperienza mi ha insegnato che se vuoi, puoi e se tu credi in ciò che fai, non puoi sbagliare. O meglio, se sei consapevole delle tue azioni, lo sbaglio è costruttivo e ti permette di crescere.

L'importante è mettersi costantemente in gioco, mai fermarsi. Al diavolo la paura di quale sarà il risultato domani! Segui l'istinto e agisci! Abbi la fede che tutto quello che senti di fare dentro di te serve per la tua crescita, altrimenti non lo sentiresti.

L'inconscio ti guida sempre. Quella è la strada giusta per fare esperienza e per capire qual è il tuo percorso.

Immagina di essere su un sentiero: se rimani fermo, hai l'unica certezza del luogo in cui sei, ma verrai prevaricato dagli altri: verrai superato da chi corre, magari ti verrà dato uno scappellotto dietro la nuca da qualcuno che ti sta superando e tu lo riceverai senza capirne il motivo, visto che non hai fatto nulla di male, o magari ti sentirai frustrato perché non hai il coraggio di muovere le tue gambe per paura di proseguire su quel sentiero... non si sa mai cosa ci può essere dietro quella curva...

Tranquilli, in quest'ultimo caso, può essere utile fare una telefonata al proprio psicoterapeuta che ti prescriverà due pillole della felicità, ti permetterà di sorridere del fatto che tu stai fermo e gli altri ti superano... Insomma, la morale è: se volete qualcosa, andate a prenderla!

Ciò che ho scritto è stata la conclusione di ciò che ho vissuto in azienda. Molto spesso mi sono sentita come se avessi avuto le ali legate. Il fatto di pensare senza poter agire è davvero frustrante.

Quando dentro di me sentivo quel fuoco sempre più potente, quando nella mia testa si creavano mille idee innovative e soprattutto quando ciò che facevo, dalla più semplice (come rispondere al telefono) alla più complessa, veniva fatta con il cuore e quindi con la passione, era molto deludente non sentirsi capiti dal proprio padre.

Essere consapevoli di conoscere la soluzione e non poter agire per realizzarla (magari anche sbagliando) è molto frustrante. Ecco perché penso che per un giovane che crea la propria azienda, nonostante le varie difficoltà burocratiche e di credito, sia più semplice e meno impegnativo a livello psicologico, perché è libero di sbagliare e di agire.

Provate a ritornare all'immagine di voi sul sentiero di prima. Questa volta voi siete lì sul sentiero e volete non camminare, ma correre per vedere cosa c'è dietro quella curva.

Naturalmente siete consapevoli che non potrete correre troppo forte su quel ciglio di destra, perché è ripido e potreste cadere di sotto, ma volete andare... dietro di voi, su quel sentiero, c'è vostro padre che vi dice: "Stai tranquillo, non avere fretta! Ci penso io ad andare avanti, tu non hai esperienza... magari trovi un buco lungo la strada e ti sloghi una caviglia!" (Come se un giovane non sapesse schivare quel buco o addirittura saltarlo!).

Spesso avevo la sensazione che se facevo qualcosa meglio di lui, era come togliergli una parte di sé stesso (che era l'ultimo dei miei pensieri). Pertanto si creava molto spesso una sorta di gara tra noi due.

Lo scopo? Rendermi consapevole che lui era insuperabile! Il messaggio nascosto da captare era: "Io non potrò mai essere come lui. Forse mio fratello sì (essendo uomo), ma io... ne ho ancora di strada da fare!".

Così, trovandomi davanti a questo muro, dove ho sbattuto la testa parecchie volte e mi sono fatta anche male, a un certo punto ho iniziato a cercare fuori dall'azienda nuovi stimoli: ho preso a frequentare corsi di formazione, ho conosciuto nuove persone e ho cominciato ad avere una visuale più ampia. Finalmente avevo capito come potermi ossigenare.

Poco alla volta mi sono stati proposti nuovi incarichi istituzionali e naturalmente ho preso tutto al volo, senza escludere nulla.

Il mio nome e la mia foto iniziarono a comparire sempre più spesso sul quotidiano locale. Buona abitudine di mio padre, ormai da trent'anni a questa parte, era di acquistare ogni giorno (sabato e domenica compresi) la gazzetta locale, perché essendo un lettore molto attento, voleva essere sempre aggiornato sui fatti. E non gli sfuggiva nulla... tranne la mia foto...

Non so se capita così anche altri figli di imprenditori, ma io non ho mai sentito mio padre rivolgermi un complimento. Se faccio le cose degne di merito, si limita a dire che ho fatto il mio dovere, che c'era da fare semplicemente così. Punto.

Oggi mi sto rendendo conto che in questi anni sono stata

bravissima a mentire a me stessa.

Sono diventata una vittima perfetta, del mio ambiente di lavoro e di mio padre, senza che lui ne fosse consapevole. Pertanto, se non "è colpa mia", ma di qualcun altro, che cosa potevo fare? Fare delle scelte per me stessa, in quanto persona libera. Ma non le ho fatte.

Ho vissuto sempre nell'illusione che prima o poi le cose sarebbero cambiate: questo mi permetteva di alleviare il dolore delle situazioni che stavo vivendo.

Solo che questo dolore eliminato nell'immediato è diventato sempre più grande con il passare del tempo. Forse era arrivato il momento di affrontare la realtà per finalmente evolvermi come persona! Ed era proprio questo ciò che volevo.

"Decidete che una cosa si può e si deve fare e troverete il modo"
(Abramo Lincoln)

CRISI
=
CAMBIAMENTO

*"C'è un momento in cui dobbiamo decidere,
in maniera risoluta, cosa fare.
In caso contrario, la deriva inesorabile degli eventi
prenderà la decisione al posto nostro"*

Benjamin Franklin

RIEPILOGO DEL CAPITOLO 2:

- SEGRETO n. 1: impara ad essere indipendente dai tuoi genitori.

- SEGRETO n. 2: le aziende non si ereditano, si meritano tutti i giorni sul campo dando il proprio imprinting.

- SEGRETO n. 3: è estremamente importante avere un ruolo definito all'interno dell'azienda.

- SEGRETO n. 4: mai cedere al maschilismo.

- SEGRETO n. 5: sbagliare è importantissimo. Il detto "Sbagliando si impara" è vero. Essere liberi di sbagliare senza la paura di deludere è uno dei segreti più importanti per vivere bene il passaggio generazionale.

Capitolo 3:
Come far coesistere lavoro e famiglia

"Che tu creda o non creda di potercela fare,
avrai comunque ragione"
(Henry Ford)

L'intento di questo libro è quello di togliere quell'etichetta secondo cui un giovane imprenditore che lavora all'interno dell'azienda di famiglia debba necessariamente avere la strada spianata.

Sono sempre rimasta molto impressionata sia dalle storie di quei giovani che hanno iniziato da zero in senso lato e hanno fatto fortuna, sia da chi ha iniziato alle dipendenze del proprio padre. Sono entrambi degli eroi in fondo.

Anzi, chi inizia senza condizionamenti familiari, è libero di sbagliare. Ma chi deve portare avanti il nome di famiglia, spesso non può permetterselo. Fare errori di per sé non è una cosa negativa. Gli sbagli fanno parte della vita e sono fondamentali per crescere. Ecco perché l'unico modo per migliorare domani è sapere dove hai sbagliato oggi.

Una volta lessi che l'ideogramma cinese che significa "crisi" è composto da due caratteri: uno che vuol dire pericolo e l'altro che significa occasione.

Questo per dire che nelle tenebre di ogni avversità c'è un aspetto luminoso, basta avere il coraggio di cercarlo. Coraggio non significa essere privi di paura, vuol dire affrontare le proprie ansie e i propri timori, indipendentemente da quello che sarà. È attraverso la lotta che diventiamo forti. Per vincere il dolore, prima devi provarlo.

Il coraggio è una qualità che possiamo tutti coltivare e con il tempo risulta essere molto remunerativa. È questa caratteristica che ti permette di andare per la tua strada senza ascoltare ciò che dicono gli altri, di fare quel che vuoi perché sai che è giusto. Il coraggio ti dà la lucidità per insistere dove altri hanno fallito.

"Le esperienze piacevoli rendono splendida la vita. Le esperienze dolorose portano alla crescita. Le esperienze piacevoli rendono splendida la vita ma, in sè stesse, non fanno crescere. Quelle che portano alla crescita sono le esperienze dolorose. La sofferenza mette il dito su una parte di voi che non è ancora cresciuta, che deve crescere, trasformarsi e mutare. Se sapeste come usare quella sofferenza, quanto potreste crescere!"

(Anthony De Mello)

In sostanza: più coraggio avrai, maggiore sarà la quantità di soddisfazione ricevuta. La paura invece è l'altra faccia della medaglia: non è altro che un mostro creato dalla nostra mente, un flusso di pensieri negativi.

Se le permetti di ostacolare le tue azioni, asseconderai i brutti pensieri e questi a poco a poco diventeranno sempre più grandi. Ma se li affronterai, vincerai nella vita.

Il miglior modo quindi per riuscire ad annientare la paura di qualcosa è fare quella cosa che tanto ti spaventa. Ricordo che da adolescente avevo una paura folle quando dovevo andare a fare gli esami del sangue...

Stavo talmente male che dovevo trovare assolutamente la maniera per non sentirmi in quel modo: decisi di iniziare a fare la volontaria in ospedale (masochismo? no, solo voglia di far passare quella paura).

All'inizio sono stata decisamente male, è vero, ma oggi non mi spaventano più né il sangue, né la punta della siringa... anzi mi è capitato di aiutare molte persone e approcciarmi a loro con la massima oggettività. Non ci sono altri antidoti o forse sì... c'è anche la condivisione.

Ho sempre pensato che condividere le proprie esperienze con giovani che si trovavano nelle mie stesse condizioni fosse molto stimolante e illuminante e, perché no, d'aiuto per andare avanti.

Sì, perché parlando con altri figli d'imprenditori (uomini e donne) le dinamiche che si ripetevano erano sempre le stesse. In ogni azienda, di diverso settore merceologico, si presentavano sempre le stesse problematiche di rapporto con il padre.

Così decisi di intervistare e trascrivere il tutto, in modo che qualsiasi nuovo figlio d'arte, leggendo questo libro, potesse trovare un po' di sollievo e magari farsi due risate, una volta resosi conto che siamo tutti sulla stessa barca.

Inizierò ogni paragrafo con le domande fatte durante le interviste. Consiglio, prima di leggere le risposte, di provare innanzitutto a rispondere… vi assicuro che avrete delle belle sorprese. I nomi sottoindicati sono puramente di fantasia.

Sapevi da bambino cosa avresti fatto da grande?
Elena: "No, non lo sapevo… ho fatto la scuola da geometra.

Nel 1999 sono entrata in azienda dopo aver fatto una breve esperienza nello studio di un geometra. Non ho fatto l'esame di Stato, perché quel lavoro non mi piaceva e non mi rendeva a livello economico e così ho scelto di entrare nell'azienda di mio padre, forse per comodo, ma soprattutto perché mi sono resa conto che essere donna geometra significava fare un lavoro esclusivamente burocratico.

58

Inoltre, da tempo mio padre continuava a ripetermi di andare a lavorare da lui perché aveva digerito male il fatto che io fossi andata a lavorare da un geometra che lui non conosceva. Avrei dovuto chiedere a lui da quale geometra dovevo andare a lavorare…

Solo se a lui andava bene, avevo il benestare per lavorare altrove. Non andava bene che io fossi andata a lavorare dove volevo io… Ma io non mi sentivo così cretina da non riuscire a trovare un lavoro da sola.

A partire dai 13 anni ho lavorato in officina sulle macchine come rettificatore durante le ferie estive (lavoro destinato esclusivamente a uomini); a partire dal primo giorno di vacanza io ero già assunta.

Ricordo che mio padre litigava con il commercialista perché ci volevano tre giorni per mandare avanti la documentazione per l'assunzione. All'inizio facevo sei ore.
Ogni tanto per riposarmi mi appoggiavo al cassone, ma mio padre non voleva perché io dovevo dare il buon esempio e quindi non

potevo farmi vedere seduta dagli altri dipendenti. Quando lui mi diceva di fare una cosa, io la facevo.".

Federico: "Da piccolo non sapevo cosa avrei fatto da grande, non ne avevo idea. Finite le superiori sono stato obbligato a frequentare l'università, ma dopo due mesi di Ingegneria informatica ho smesso.".

Leonardo: "Non pensavo certamente al lavoro che sto facendo adesso… avevo un'idea, ma non era questo… mi ha fatto cambiare idea mio padre. Lui voleva che facessi il suo lavoro (anche se a me non sembrava di essere un venditore) e l'ho fatto: ho sempre fatto quello che voleva lui…".

Nicola: "Sì, sì, sì… avrei fatto quello che sto facendo adesso… Tornassi indietro farei tutt'altro nella mia vita… magari lo stesso mestiere, ma avrei fatto prima la scuola grafica in un'altra città. Ma ai tempi non ho avuto il coraggio di fare questo passo… di intraprendere questo tipo di cambiamento…".

Cristiano: "Da bambino pensavo che non avrei mai lavorato con mio padre. Ma dopo la scuola avevo due strade: quella dello sport o quella dell'impresa di famiglia. Alla fine ero certo che avrei scelto lo sport, ma, non so cosa è successo, mi sono ritrovato a lavorare con mio padre,".

Qual è il rapporto con tuo padre in azienda?
Elena: "Se tu dici a lui di fare una cosa, non la fa. Se una cosa non la vuol fare, ti oltrepassa e non ti ascolta. Lui fa solo ciò che vuole... è inutile scontrarsi... Questo atteggiamento è davvero svalutante per la persona.".

Lui è indispensabile! Ogni minima cosa gli deve essere chiesta. Pensa che tutti siano dei lavativi... Se non ci fosse lui, tutto si fermerebbe.

Solo a lui spetta prendere le decisioni importanti; nessuno può prenderle senza il suo permesso! Quando però una volta è andato via, suo malgrado, per una settimana per motivi di lavoro, tutto è andato avanti benissimo, soprattutto a livello organizzativo.

Sono io a non capire! Si è sempre espresso in malo modo, ma io dovevo capire subito cosa voleva… se non capivo, mi diceva che io non sapevo niente e quindi mi scansava e chiedeva a qualcun altro più 'esperto'.

Pertanto con lui dovevo essere sempre molto attenta, molto sveglia e ciò mi agitava e mi faceva sentire a disagio nei confronti degli altri. Oggi penso che quella fosse una sua anomalia.

Ricordo che un giorno presi un registratore digitale e lo registrai per poi fargli ascoltare come si esprimeva… gli ho fatto sentire che cambiava idea ogni tre minuti, come un 'm'ama, non m'ama'… Il risultato? Nulla, assoluta indifferenza… 'sono tutte stupidate!', mi disse.".

Sono una donna
Se non sei uomo e se non sei ingegnere meccanico, allora non vali niente. Quindi io non ho mai incarnato i canoni della persona adatta a portargli avanti l'azienda e questo per lui è stato sempre il problema più importante…

Con il tempo, però, mi sono resa conto che in realtà questo non lo considerava un problema, perché, se così fosse stato, avrebbe già delegato degli incarichi a persone di fiducia che lavorano per lui. Noi, Ely, siamo femmine e siamo la generazione saltata!

Oggi mi dice sempre che sarà il nipote il suo successore: "Ce n'è solo uno che ha preso da me e che non è mai fermo con quella testa lì... mio nipote!".

Te lo avevo detto!
Qualsiasi cosa tu voglia fare, se non va bene a lui, è certo che ti mette i bastoni fra le ruote. Ecco perché ho deciso di andare a lavorare da lui... per accontentarlo.

Quando mi sono sposata gli ho dovuto dire che volevo comprare casa, indipendentemente da ciò che mi avrebbe risposto. Risultato? Mi ha comprato una casa che anche a lui piaceva, ma naturalmente ho dovuto alzare la voce per farla secondo il mio gusto.

Finché ho potuto, mi sono sempre fatta valere: all'inizio avevo la voglia e l'entusiasmo di riorganizzare, di innovare per raggiungere un po' di indipendenza e di soddisfazione personale per poi dire "ho fatto qualcosa tutta da sola per la nostra azienda".

Ma a un certo punto ho capito che non era possibile e quindi mi sono detta: "Probabilmente è sbagliato il mio modo di vedere le cose ed è giusto che si vada avanti con il suo metodo". Anche perché, se sbaglio, lui continuerebbe a dire "Te lo avevo detto, te lo avevo detto, te lo avevo detto…".

Il mio intento non era fare delle cose che avrebbero sconvolto l'azienda, volevo solo trovare un modo per organizzarci meglio… ma mio padre opponeva troppe resistenze! E se poi sbagliavo? Io non volevo la colpa.

Federico: "Io non conoscevo mio padre in casa, non lo vedevo mai in casa… quelle poche volte che ci vedevamo, si litigava.

Io ho conosciuto sul lavoro una persona diversa… più disponibile, disposta a spiegarti le cose… la stessa persona che in ufficio ti dice una cosa e a casa ti fa il "cazziatone" per la più piccola stupidaggine (in ufficio non si sarebbe mai permesso). L'aria dei due luoghi (casa e lavoro) ha formato due persone completamente diverse.

Ho riscoperto in ufficio (e basta) una persona diversa. Io sono diventato socio, ma non mi sento tale... lui è ancora il mio datore di lavoro.

Le quote societarie me le sono pagate. Perché non ci sono state delle donazioni...
Un giorno mi disse: 'Ti interessa entrare in società?'.
Risposi: 'Sì', e lui: 'Li hai i soldi?'.
Risposi: 'Sì', e lui: 'Ok, fa' l'assegno e paga le quote'. Tanto per mettere le cose in chiaro! Il suo modo di fare è questo: Vuoi qualcosa? Te la sudi e te la guadagni! Stop.

Il rapporto tra me e lui in azienda è di due collaboratori. C'è sinergia... ma adesso, solo dopo essere andato a vivere da solo!

Quando eravamo nella stessa casa, mi ha fatto morire! I problemi dell'ufficio te li portavi a casa e i problemi di casa te li portavi in ufficio... non si parlava d'altro... Non si viveva, non c'era più possibilità di convivere nella stessa casa... Perché, nel momento in cui uscivo dall'ufficio, dovevi assolvere il ruolo del figlio.

Arrivavo il fine settimana completamente esausto. La domenica ero più stanco del venerdì.".

Leonardo: "Il rapporto tra me e lui è freddissimo! È sempre stato così! È distaccato ... è un rapporto molto superficiale...".

Nicola: "Io ho sempre vissuto nell'impresa di mio padre. Uscivo da scuola e andavo a fare i compiti in azienda, dove ho vissuto molti pomeriggi: era diventata la mia seconda casa; se mia moglie dovesse cacciarmi, andrei a dormire in tipografia su una risma di carta... La mia relazione con mio padre è sempre stata identica: casa e lavoro.

È un bellissimo rapporto 'antico': perfetto per i tempi passati. Se infatti confronto quello che faccio io a mio figlio e quello che ha fatto mio padre a me è imparagonabile: lui non è mai venuto a prendermi a scuola, io invece vado a prendere mio figlio tutti i pomeriggi.

Lui non veniva mai a vedere le mie partite di calcio... quando un giorno lo fece, gli dissi di non venire più, perché non avevo più bisogno della sua presenza. Però, malgrado tutto, per me rimane comunque il migliore papà del mondo.".

Cristiano: "Con mio padre ho avuto un rapporto più di amicizia che filiale. Forse è stato anche questo a spingermi a lavorare con lui, perché insieme stavamo veramente bene... io e lui siamo proprio forti...

Quando però entri nel mondo del lavoro e impari a conoscere tuo padre come imprenditore, ti accorgi che non è più il papà di famiglia e lì ti ci scontri un po'...

Allora quello è il momento di lavorare su te stesso... non sul papà, perché lui quello che doveva fare lo ha già fatto... *in primis*, è un lavoro personale da portare avanti... su come affrontare il papà imprenditore... su come affrontare l'attività lavorativa... e su come imparare a viaggiare insieme...".

Chi è tuo padre?

Esistono 3 tipi di genitore:

Genitore orgoglioso: è quel genitore che si sente arrivato solo nel momento in cui il figlio segue la sua strada.

Farà il possibile per far intraprendere al proprio figlio il suo lavoro, mettendo a volte in atto dei comportamenti subdoli che porteranno il figlio a dire di sì, anche se vorrebbe fare tutto un altro lavoro.

Ma il senso di colpa e la paura di deludere il genitore saranno strumenti molto forti che porteranno il figlio a non ascoltare il proprio io.

Genitore indifferente: è quel genitore che dà ampia libertà di scelta al proprio figlio. Se vuole seguire il lavoro del proprio padre, va bene, se invece vuole intraprendere un nuovo lavoro, va bene lo stesso. Il figlio sarà comunque e sempre supportato dal padre.

Genitore schivo: è quel genitore che assolutamente non vuole che il figlio segua la sua stessa strada, perché il suo lavoro è pesante, sporco, non si addice a un giovane, si pagano troppe tasse e potrebbe avere solo preoccupazioni e non si godrebbe la vita.

Elena: "È un accentratore e un gran lavoratore, come le fa lui le cose, non le fa nessuno. È vulcanico (gli vengono in mente 10.000 cose alla volta), deve avere tutto subito e deve avere le risposte subito... se non sei in grado, ti oltrepassa e chiede a qualcun altro, non aspetta.

La sua vita è l'azienda: non esiste differenza tra azienda e casa, sono un'unica cosa. Lui ha la casa in azienda... è sempre lì".

Leonardo: "Mio padre è tendenzialmente generoso, ma con me è estremamente invadente. Attenzione: la troppa generosità, se non controllata, diventa invadenza. Voler esserci sempre diventa con il tempo negativo".

Nicola: "Mio padre è una persona che potrei definire uno dei migliori venditori che abbia mai conosciuto in questi anni di lavoro... però un venditore degli anni '80-90, quando ancora si andava a vendere *porta a porta*, dove la gente apriva la propria casa e ti accoglieva comunque... tu ti fermavi e le persone ti davano tre minuti del proprio tempo per ascoltarti... sapeva vendere il proprio prodotto in maniera eccezionale. Per me è sempre stato un maestro!

Lui ha un bellissimo carattere, penso di non averlo mai visto arrabbiato... non aveva bisogno di urlare per rimproverarmi... capivo dallo sguardo... io non riesco a fare lo stesso con mio figlio.

Lui ha iniziato a lavorare a 15 anni nella "Gazzetta di Reggio" come compositore manuale e ha cercato di tramandarmi questo modo di lavorare. Purtroppo io non riuscivo a leggere al contrario e pertanto non riuscivo a imparare. Ci ho provato, ma è stato impossibile: per lui questo ha rappresentato un grande dispiacere.

Oggi, nella veste di imprenditore, ho qualcosa anch'io da rimproverargli: poteva fare molto di più negli anni '80 con il suo socio, ma si sono limitati, non hanno spinto, non hanno sfruttato le opportunità e cavalcato l'onda del cambiamento. Gli rimprovero di non avere avuto abbastanza coraggio per far crescere l'azienda.

Lo devo comunque ringraziare, come tutti dobbiamo ringraziare chi ci ha dato la possibilità di lavorare, però, dare sempre merito di tutto a loro e poco alle nuove generazioni, per me non è corretto perché noi giovani qualcosa di buono lo abbiamo fatto, visto che sono qua a raccontarmi dopo un periodo così faticoso e difficile a livello economico.

In questi anni riuscire a mantenere un'azienda in cui la tecnologia è diventata ormai incontrollata, vendere un prodotto povero, a fronte di altissimi investimenti, e affrontare ogni giorno un'enorme fatica più psicologica che fisica, significherà pur qualcosa e, se sono ancora in piedi, qualche merito lo dobbiamo avere anche noi giovani.

A loro diciamo grazie per essere partiti, a noi diciamo bravi per il coraggio di continuare nell'impresa di famiglia, nonostante le numerose avversità".

Tua madre lavora in azienda? Chi è tua madre?

Nicola: "Sì, lavora in azienda. È estremamente permalosa, se offesa non ti parla per settimane, quindi si lavora molto male con una persona così. Prova a immaginare un ambiente di lavoro in cui ci sono poche persone e una non parla (che tra l'altro è tua madre)… si va fuori di testa in questo modo.

Ogni volta che si presenta il Natale è una discussione, quando aumenta il lavoro è una catastrofe. È un pro e un contro lavorare con i genitori: pro perché se io posso andare a giocare a calcio alla sera o andare via con la mia famiglia nel weekend, lo devo solo ai miei genitori…, contro perché con loro mi sento fermo… mi sento in gabbia."

Lavorare in famiglia: pro e contro
Gli aspetti sicuramente positivi sono:
- Il tuo datore di lavoro (tuo padre) sa chi sei e conosce la tua vita al di fuori del mondo lavorativo e quindi in caso di bisogno può capire meglio alcune tue esigenze (impegni extra) rispetto ad altri.

Purtroppo però ci sono anche degli aspetti negativi:

- Se vivi ancora con i genitori è molto facile che le problematiche lavorative te le porti anche a casa. Consiglio vivamente di andare a vivere da soli.

- Il rapporto che c'è tra padre e figlio è diverso da quello tra datore di lavoro e dipendente e quindi possono sfuggire, soprattutto durante un litigio, dei vocaboli o concetti che con un normale datore di lavoro non si direbbero mai.

- Possono innescarsi dei meccanismi ingarbugliati, in cui lavoro e famiglia s'intersecano creando malumori e incomprensioni in famiglia, soprattutto se in azienda lavorano anche dei fratelli.

- Occorre sempre rendere conto al padre datore di lavoro.

Cristiano: "Mio padre imprenditore è un papà che ha sempre guardato abbastanza avanti in azienda… il papà imprenditore lo conosco già da prima di iniziare a lavorare, quindi so come ha cresciuto la sua azienda partendo da zero fino ad arrivare a oggi e conosco bene le novità che ha portato all'interno di essa.

È stato grazie alle sue capacità e alla sua voglia di mettersi in gioco, di imparare tante cose da solo (cosa che oggi non funziona così) a far fiorire la nostra azienda.

È sempre stato il mio punto di riferimento perché l'ho sempre visto progredire, studiare da solo il computer, le lingue, ha frequentato le scuole serali per studiare il disegno tecnico, è andato all'estero da solo per prendere parte alle fiere… insomma ha creduto nel suo progetto, era certo che quella fosse la strada giusta e le difficoltà le ha superate una dopo l'altra… e tutto con pochi mezzi!

Un grande esempio per me!

Quando sono entrato in azienda volevo fare come lui. Succede però che quando i figli entrano in azienda arrivino nel momento in cui il papà sia nella fase calante o comunque in una fase stabile, perché comunque la sua esperienza l'ha già fatta e a un certo punto anche per l'avanzare dell'età tende un pochino a stabilizzarsi.

Ecco che il ruolo del figlio nell'impresa di famiglia è quello di tenere vivo lo spirito aziendale e rimettere di nuovo il piede sull'acceleratore... ma lì poi nascono i conflitti.

Uno vuole stabilizzarsi, l'altro vuole spingere, il giovane vuole fare la stessa esperienza che il padre ha fatto trent'anni prima... Questo avviene normalmente quando il giovane acquisisce conoscenze, inizia a sentirsi sicuro e nutre il desiderio di sperimentare.

Ma il problema sostanziale era che io non riuscivo a farmi capire in modo corretto da mio padre e lui non capiva nel modo giusto me.

Si arriva a un certo punto della vita lavorativa (come anche quella privata) che non sai più bene cosa vuoi fare e chi vuoi essere, o chi vuoi diventare... è in quel momento che inizia la confusione, inizia la famosa "crisi" (che per me è durata circa 5 anni).

In quel periodo ricordo che qualsiasi cosa io dicessi, ricevevo sempre un no... da lì ho iniziato a non curarmene affatto. Lasciavo perdere quindi il lavoro e mi concentravo su altre cose esterne all'azienda che mi davano maggiore soddisfazione e in cui peraltro venivo ascoltato e preso in considerazione. Andavo a lavorare perché ci dovevo andare.

Non venivo ascoltato, venivo anche troppo difeso; mio padre si comportava con me in modo fin troppo apprensivo, si fidava di me, ma mi vedeva come il figlio da seguire, da monitorare.

Non riuscivo a capire cosa volessi, ero arrivato a un punto tale in cui non decidevo nulla, non mi prendevo responsabilità, facevo tante cose, ma nulla aveva un senso.

Per qualsiasi cosa era lui a decidere, anche la più insignificante e quindi mi sentivo inutile, lavoravo tante ore al giorno, ma di fatto mi sentivo poco costruttivo.

Penso che il punto fosse uno solo: avevo bisogno in quegli anni di crisi di un po' di gratificazione, un rinforzo morale fino ad allora completamente assente e quindi lo andavo a cercare altrove, fuori dall'azienda… avevo bisogno di sentirmi dire: 'Sei bravo!'.

Mi sono reso conto che tutto ciò serve a poco: se sei soddisfatto di quello che fai e di ciò che sei, non hai bisogno di cercare conferme all'esterno.

In quella fase della vita ero io il problema, non mio padre; ero io a dover cambiare, non mio padre.
Ho chiesto aiuto a una psicoterapeuta: da lì in poi è stato un continuo crescendo...

Stranamente facevo e dicevo le stesse cose, ma venivano recepite in modo diverso da mio padre. Probabilmente riuscivo a trasmettere qualcosa di nuovo o qualcosa in più. Così abbiamo iniziato a ragionare trovando ogni volta una strada per andare avanti insieme".

Come si comporta tuo padre con le altre persone (dipendenti/consulenti...)?
Elena: "I rapporti con gli esterni vengono gestiti tutti da lui: se non mi dice esattamente tutto quello che devo dire, io preferisco non parlare.

Tratta le persone come se avessero delle disabilità, come se non capissero... ripete le cose cento volte, ma non le responsabilizza perché altrimenti dovrebbe dare loro dello spazio, quindi maggiore autonomia e ciò confliggerebbe con il suo modo di agire.

Nei corsi di formazione che vengono organizzati all'interno dell'azienda con l'aiuto di formatori esterni, lui non vuole ascoltare, lui vuole fare l'oratore!".

Chi è il colpevole?

Da sempre c'è la ricerca del colpevole e cioè si continua a chiedere: "Ma chi è stato a fare questo?". Così le persone non vogliono fare le cose e assumersi delle responsabilità. Chi può, se ne lava le mani. Ciò è estremamente limitante, io non ho libertà d'azione.

Penso che nel momento in cui tu hai degli incarichi, indipendentemente che tu sia figlia o meno, puoi far rispettare la tua parola; ma se non hai alcun ruolo chiaro all'interno dell'azienda, come puoi dire a qualcuno di svolgere una determinata cosa, se poi, dopo 5 minuti, arriva tuo padre e ordina di fare l'esatto contrario?

'Qui comando io! Non ascoltate nessun altro, all'infuori di me!'. (Questo è ciò che va dicendo da sempre). Lui non si giustifica con le persone, lui non vede te, lui vede sé stesso e basta.

Se si dovesse mettere nell'ottica di capire tutti, impazzirebbe, : per lui 'è così e basta'. Mi dispiace molto vedere questo atteggiamento... non mi resta altro che alzare le mani...

Non riesci ad accontentarlo!

Non riesci ad accontentarlo perché vuole fare tutto lui, ha troppo da gestire, ma non lo ammette e non gli ho mai sentito dire una volta 'Ho bisogno...'.

Ripete da sempre: 'le figlie non possono perché hanno la casa, i mariti, i figli, i cani, i gatti ecc.'. Ma questo cosa c'entra? Se avessi delle responsabilità, sarei la prima a organizzarmi per risolvere la gestione casa-lavoro...".

Abbiamo capito che lavorare nell'azienda di famiglia non è tutto rose e fiori; ogni giorno occorre affrontare difficoltà diverse e avere una buona dose di calma e sopportazione. La situazione si complica se oltre al padre e alla madre, lavorano in azienda fratelli, sorelle o altri parenti.

Le cose sono due: o perseguite gli stessi obiettivi e quindi andate avanti con forza, sinergia, aiutandovi e supportandovi, o vi scontrate. Più teste, più idee, più punti di vista, più caos.

RIEPILOGO DEL CAPITOLO 3:

- SEGRETO n. 1: avere coraggio è il primo passo per ottenere ciò che si vuole, perché solo grazie a esso agisci.

- SEGRETO n. 2: la condivisione è il secondo mezzo per ritrovare la forza di agire.

- SEGRETO n. 3: il proprio padre è sempre un punto di riferimento, tanto nel positivo quanto nel negativo.

- SEGRETO n. 4: non fermatevi dentro la galleria, perché oltre ad esserci buio e a non vedere dove siete, respirereste tutto lo smog di chi vi sta superando.

- SEGRETO n. 5: se in azienda oltre a voi e a vostro padre lavorano altri parenti, le strade sono due: o perseguite gli stessi obiettivi e quindi andate avanti con forza, sinergia, aiutandovi e supportandovi o vi scontrerete inesorabilmente.

Capitolo 4:
Come superare i periodi bui

"L'uomo semina un pensiero e raccoglie un'azione:
semina un'azione e raccogli un'abitudine:
semina un'abitudine e raccoglie un carattere;
semina un carattere e raccoglie un destino"
(Swami Sivananda)

In che modo hai cercato di affrontare le difficoltà che ti si presentavano?

Federico: "Più volte ho avuto paura di non farcela e mi sono chiesto: 'Rimango qui o cambio lavoro?'. Non sapevo se quello che stavo facendo fosse giusto, o meglio se fosse quello che volevo.

Ancora oggi mi sto ponendo delle domande, in fin dei conti ho 29 anni, sono ancora nell'età di poter sbagliare e fare delle scelte. Però sto cercando di sviluppare qualcosa di mio, perché tuttora quello che c'è non riesco a sentirlo come tale, non riesco a sentire nulla di mio. Ci sono molti momenti in cui mi annoio e mi domando che cosa sono lì a fare.

Essendo considerato il jolly, quindi socio, imprenditore, netturbino, pulitore di bagni ecc., passo dal fare tutto al non fare nulla.

Secondo l'idea di mio padre io dovrei fare l'imprenditore nel modo in cui lui non è mai riuscito a fare. Ha sempre portato avanti l'azienda con il metodo: "Io vi dico cosa c'è da fare, io vi comando, perché devo controllare tutto io". Mentre io dovrei fare il contrario: fare anche tutto ciò che lui da sempre comandava agli altri di fare.

Quindi mi trovo in una situazione di estrema difficoltà nel capire qual è in realtà il mio ruolo: subito mi dice una cosa e poco dopo mi dice l'esatto contrario! Questo è il nostro rapporto.

Posso quindi rischiare, inventare qualcosa di nuovo per innovare l'azienda, o devo rimanere fermo ad aspettare che mio padre decida cosa farmi fare? È tutto molto frustrante!".

Leonardo: "L'errore mio è sempre stato quello di adeguarmi alle difficoltà che ho incontrato. Con lui mi sono sempre dovuto adeguare. Se a mio padre va bene una determinata cosa, ma a me no e provo a spiegargli il perché, non cambia comunque la sua decisione. Io da sempre mi adatto alle sue idee, non ho più voglia di impormi. Sarebbe una perdita di tempo e di energia".

Nicola: "Le difficoltà ci sono state e molte! Da subito i miei genitori mi hanno obbligato a occuparmi di contabilità, ma non sapevo da dove iniziare.

Un giorno, per una malattia improvvisa, il socio di mio padre, che aveva in mano la gestione intera dell'azienda, dall'oggi al domani è stato a casa.

Io mi sono ritrovato nel giro di quindici giorni da solo a gestire la complessità di un'intera impresa. Ho trascorso un periodo in cui penso di aver pianto tutte le lacrime della mia vita, avevo a che fare per la prima volta con acquisti e preventivi con i quali non sapevo proprio da dove cominciare.

Così ho iniziato a studiare come fare per portare avanti una struttura del genere grazie all'aiuto di amici e fornitori. Mio padre? Anche lui non sapeva nulla, faceva solo il venditore... ero completamente solo.

In quel periodo sono cresciuto davvero molto, ho dovuto affrontare il passaggio generazionale importante di una terza persona (il socio di mio padre).

I miei genitori hanno sempre cercato di proteggermi – ancora non so da cosa – ma in maniera sbagliata, ovviamente in buona fede, ma ancora oggi faccio fatica a prendere delle decisioni perché loro sono sempre presenti.

Non riesco a trovare il coraggio di agire in modo diverso, perché solo la loro presenza mi frena, è una sensazione difficile da spiegare, è come se ci fosse un tappo dentro di me. Se solo stessero a casa a fare i nonni! Ma non lo capiscono!".
(L'intervistato ha iniziato a piangere a dirotto... [n.d.a.]).

"Preoccupatevi più del vostro carattere che della vostra reputazione, perché il vostro carattere è quello che siete realmente, mentre la vostra reputazione è solo quello che gli altri pensano che voi siate"

John Wooden

Come si comporta tuo padre con te di fronte a clienti/fornitori o esterni all'azienda?

Nicola: "Deve continuamente interferire, lui arriva come un falchetto e ascolta, ma non solo. Inizia a dire la sua che purtroppo molto spesso è l'esatto contrario di ciò che avevo detto io prima che arrivasse. Ma che figura facciamo nei confronti di terzi? Sembra che tra noi non ci sia dialogo. Questo lo rimprovero a mio padre.

Quante volte gli ho chiesto di non intromettersi. Se mi dà carta bianca, che sia carta bianca! Poi, una volta presa la decisione, naturalmente la condividerei con lui, non avrei alcun problema nel farlo".

Leonardo: "Io non valgo niente, è come se non ci fossi".

Il percepito

Quest'ultima frase è decisamente molto forte. Chi lo conosce, direbbe certamente che questo non è vero, ma non esiste una sola verità, ne esistono molte.

Ogni pensiero e quindi ogni percezione del reale nasce sempre da un soggetto che interpreta la realtà per mezzo delle proprie credenze, del proprio vissuto e anche delle proprie aspettative; quindi in presenza di queste condizioni la realtà si offre nella sua "verità".

L'eventuale entrata in scena di ulteriori variabili non cambia la realtà precedente, ma ne produce un'altra, non meno "vera".

Questo principio è applicabile anche al mondo delle emozioni. L'emozione è uno stato puro che nasce da noi stessi in seguito ai nostri vissuti; condizionata dai nostri conflitti e dalle nostre distonie, la nostra mente, insieme alla nostra intelligenza emotiva, crea e ci fa riconoscere una realtà del tutto personale e soggettiva.

Quindi è importante non cadere nell'inganno di ricercare una realtà sempre autenticamente "reale". Ogni realtà è vera, tangibile e inconfutabile.

Se quindi non esiste una realtà esterna oggettiva e comune a tutti, allora essa è soggettiva, frutto della nostra intelligenza emotiva ed è in questa realtà che noi viviamo, parallelamente alla realtà personale degli altri individui.

Pertanto la realtà oggettiva non esiste, sono le nostre emozioni a creare il mondo che ci circonda. Ogni nostro pensiero nasce neutro, ma a esso viene associata un'emozione che guida la nostra azione e ci porta al risultato, voluto o meno.

PENSIERO

EMOZIONE

AZIONE

RISULTATO

Il tuo pensiero può farti vivere, così come può ucciderti. Solo tu puoi decidere di credere in te stesso oppure no.

Se si cambia l'emozione varia di conseguenza tutto il processo a cascata che porta all'azione e quindi al risultato finale. Le tue azioni genereranno sempre dei risultati e saranno sempre condizionate dalle tue credenze.

Federico: "La frase di mio padre è: 'Arrangiati'. Devi risolvere il problema, agisci da solo, poi se non riesci, vieni da me. Tutti i problemi sono fatti per essere risolti!

Mio padre quando è dai clienti mi loda continuamente, ma a me non ha mai detto nulla. Piuttosto che dirti 'bravo' o 'hai fatto un buon lavoro', si morde una mano.

E quindi vedo ogni volta delle contraddizioni che mi destabilizzano: fuori che dice bravo, dentro che ti dice che sono un poco di buono; quindi mi chiedo: 'Quale delle due affermazioni è vera? O in quale delle due affermazioni crede effettivamente?'. E così sorgono altri dubbi nella mia testa… Non ho mai delle certezze in nulla!".

A oggi c'è qualcosa che ti preoccupa?
Federico: "Oggi sono preoccupato quando faccio questa considerazione: 'Ma nel momento in cui lui deciderà di smettere, io sarò in grado di portare avanti l'azienda?'.

Perché anche se in parte sono socio, la forza portante è mio padre, e questo fa sì che io non sia veramente un traino e possa lavorare in autonomia.

Quindi faccio il lavoro come vuole lui, nonostante mi vada stretto, senza avere la possibilità di gestire il lavoro a mia immagine e somiglianza. Ciò mi demotiva, perché sto facendo un lavoro tanto per fare, senza passione e soprattutto senza riconoscerlo come mio.

Ma fra tre, cinque, dieci, quindici anni, quando lui deciderà di smettere definitivamente, cosa farò? Sarò in grado di prendere le decisioni che ora prende mio padre o andrò avanti per inerzia finché un bel giorno mi troverò a dire non ce la faccio più?".

Leonardo: "A oggi mi preoccupa tutto perché mio padre è una persona che mi condizionerà fin tanto che ci sarà, purtroppo, nel senso che ho perso la speranza che migliori, ho solo paura che peggiori!

Lui ha le sue convinzioni storiche e le cose non si cambiano, quel lavoro si fa in quel modo, fine... nella realtà la cosa è diversissima, nel senso che il mondo sta cambiando e se noi non ci adeguiamo ai cambiamenti, restiamo fuori.

Il suo è un punto di vista da pensionato e non penso possa più cambiare, credo invece che possa solo peggiorare: più passa il tempo, più io rimango tagliato fuori dalle novità.

Se si seguono clienti più in là con gli anni, si seguono anche le sue idee, ma con clienti più giovani e innovativi non posso presentarmi con le idee di mio padre.

Perché chi vuole andare avanti non può ascoltare un venditore rimasto fermo o che tira indietro invece di guardare al futuro con senso di apertura. Ti possono usare per le urgenze, ma non sarai mai un loro partner.".

Nicola: "Ciò che mi preoccupa, non è tanto il rapporto con i miei genitori, quanto il riuscire a lavorare pare. Ho strutturato l'azienda su di me dopo l'uscita del socio, ma provando una sensazione difficile da spiegare, come un blocco causato dalla presenza sempre costante e assillante dei miei genitori.

Ho paura di non riuscire a sviluppare il lavoro in maniera esponenziale come vorrei: a me preoccupa il se continuerà ad esserci il lavoro. Non mi spaventa il passaggio generazionale perché, di fatto, l'ho già affrontato".

Cristiano: "A oggi non mi preoccupa nulla. Se torno invece indietro al periodo della mia crisi, ciò che mi preoccupava era il fatto di non essere certo della scelta che avevo compiuto e quindi in caso di crisi avrei optato per la mia seconda strada: quella sportiva.

Ecco perché ho cercato di migliorarmi sempre di più a livello sportivo, ottenendo ottimi risultati.

A qualsiasi bivio tu possa trovarti, scegliendo la strada di destra anziché quella di sinistra, ti continuerai sempre a porre delle domande su come sarebbe stato aver preso l'altra via (se avessi agito diversamente, cosa sarebbe successo?).

Oggi non me lo chiedo più, me lo chiedevo in quella fase di crisi, in cui non trovavo gli stimoli giusti, quando non trovavo la forza per fare qualcosa, quando mi sentivo davvero inutile".

"L'emozione che agisce sul passato è il rimorso.
L'emozione che agisce sul futuro è la paura.
Passato e futuro sono pura fantasia e illusione
perché sono immodificabili.
L'unica cosa dove puoi intervenire è il 'qui e ora': questo
momento è assolutamente influenzabile,
modificabile e costruibile"
Fabio Bussacchini

Tu cosa vuoi?
Questa domanda è molto importante! È necessario avere una

risposta ben chiara.

Se sappiamo esattamente ciò che vogliamo e ci focalizziamo su quello, la nostra mente vive in anticipo la situazione voluta iniziando a crederla possibile, associandole le sensazioni positive che derivano dall'idea di raggiungerla e naturalmente ci muoveremo verso la meta con meno paure e resistenze.

È importante dire e sapere cosa vogliamo; per molte persone è piuttosto difficile rispondere a questa domanda e per molte altre è difficile dire di no. Se non si impara a dire di no ogni tanto, subiremo costantemente il mondo esterno.

Una cosa è essere disponibili, un'altra è essere sempre a disposizione di tutti. In quest'ultimo caso si ha la sensazione di non avere il minimo controllo della propria vita, di vivere in quella famosa ruota del criceto senza sapere dove si sta andando, ma bisogna correre, perché il mondo esterno ti incita ad andare sempre più forte. Ma dove vogliamo andare? È ora di aprire gli occhi.

Occorre imparare a dire agli altri, soprattutto a chi ci sta vicino, cosa desideriamo. Non significa imporre le proprie decisioni, vuol dire parlare, condividere, far capire al proprio padre e alla propria famiglia cosa è importante per noi e quanto saremmo contenti se ci venissero incontro in questo.

Purtroppo c'è sempre la paura di ferire i sentimenti altrui, ma non sapere dire ciò che desideriamo tende a creare molta confusione nel rapporto lavorativo portando a dei fraintendimenti, o aspettative non soddisfatte.

Federico: "Oggi non ho una risposta concreta ed è la domanda che mi faccio tutti i giorni. Ma non è la sola. Che cosa voglio? Voglio continuare così? Ho troppa paura e non sono in grado di portare aventi questa cosa, e quindi... scappo? Mi impunto e prendo in mano la situazione e dico ok, va bene, adesso cambiamo le cose e facciamo a modo mio?

Ho tre alternative:
- Scappo.
- Sto in azienda, fermo ad aspettare che succeda qualche cosa (ma non saprei dire che cosa).

- Mi tiro su le maniche e decido che è ora di cambiare qualche cosa (anche piccole cose) e proseguire verso quello che sarà il mio futuro in azienda.

Ma il problema effettivo è che non so quale scegliere.

Purtroppo penso che sia dovuto alla mancanza di incarichi; non mi è mai stata data la possibilità di scegliere, perché qualsiasi decisione io prendessi, doveva passare sempre attraverso mio padre il quale deve metterci sempre l'ultima parola, in qualsiasi situazione.

Tutte le proposte che io ho fatto in questi ultimi 8 anni, per il 99% dei casi sono state da lui bocciate. Poi ragionava, le girava a modo suo (il risultato era lo stesso identico) e solo alla fine diventavano proposte fantastiche.

A volte ho ottenuto ciò che volevo, ma consumando moltissima energia e i meriti alla fine dell'opera erano tutti suoi, sempre e comunque.

Mi ricordo che un po' di tempo fa ho passato settimane per realizzare un progetto al fine di poter incrementare il lavoro, per poter dare dei prezzi ai clienti direttamente dal sito, creando dei listini online.

L'ho studiato di notte, ci ho lavorato durante i fine settimana, ho chiesto riscontri e pareri a vari clienti per capire se tutto poteva andare e il risultato è che l'intero lavoro è opera sua.

La verità è che mio padre non sapeva neanche da dove iniziare. Questo mi dà molta noia, mi fa davvero arrabbiare!". (L'intervistato aveva utilizzato un'altra parola, più forte e incisiva [*n.d.a.*]).

Leonardo: "Io voglio autonomia (che non ho mai avuto), ma nello stesso tempo una sana collaborazione con mio padre. Autonomia significa avere voce in capitolo, vorrei che una mia decisione venisse valutata (cosa che invece non è mai accaduta)".

Cristiano: "A oggi, che ho le idee chiare, voglio portare avanti l'azienda di famiglia nei migliori dei modi".

97

Hai fatto nel passato degli errori che ancora non ti danno pace?

Leonardo: "Io faccio sempre l'errore di dare ragione a mio padre, e sbaglio tutti i giorni. Dovrei impormi, ma non serve a nulla perché lui non cambia la sua posizione.

Quindi non ho scelta: o litighiamo (ma lui non cambierebbe idea) o non litighiamo (e io mi adeguo alla sua posizione, anche se per me ingiusta).

È limitante perché io non mi rispecchio in lui, anche se ritengo mio padre il mio maestro: io so vedere le cose in maniera differente, nuova, lui invece vede solo il suo".

Io avrei da suggerire una terza scelta: creati una nuova strada, da solo. Devi sentirti libero di agire, di fare ciò che senti, essere libero di sbagliare. Perché **"Ogni secondo che trascorri pensando ai sogni di qualcun altro, lo sottrai ai tuoi"**.

Nicola: "Sì, sì, io ho sbagliato il criterio di selezione dei dipendenti. Fino a oggi l'ho sempre fatto in amicizia: mi fido di te e allora ti prendo a lavorare con me, senza fare un minimo di selezione.

Ma un'assunzione sbagliata porta malcontento in tutto l'ambiente di lavoro e a mandare a casa un amico non riesci più. Mi rendo conto di non essere un imprenditore, tento di farlo, ma non lo sono, è difficile vestire i panni di un imprenditore e, se non lo sei, nessuno te lo può insegnare. Lo devi sentire dentro, è come una vocazione e i contesti non ti aiutano.

Conosco tanti figli di imprenditori importanti, ma loro non hanno seguito la strada del padre perché non si sentono tali e forse non lo saranno mai: non è nella loro indole.

L'artigiano è diverso dall'imprenditore: sono due figure rispettabili, ma sono differenti. L'imprenditore è più avanti come mentalità rispetto a un artigiano. Io non ho la mentalità da imprenditore, ce l'ho da artigiano o meglio ancora da barista sotto casa!

Non riesco fingere! Fare l'imprenditore è saper gestire a 360° gradi tutta l'azienda, conoscere tutto: io non so tutto. Forse diventerò un imprenditore quando riuscirò a realizzare qualcosa di importante insieme a qualcun altro. Non so quando questo succederà, forse quando non ci saranno più i miei genitori? Non so...".

Di che cosa avresti bisogno per raggiungere il tuo personale equilibrio?

Nicola: "Non lo so... forse ho già risposto prima:

1. Più soldi (non essere troppo amico con i clienti, perché quando c'è da fare recupero crediti poi è molto difficile).
2. I miei genitori sarebbero perfetti nella sola mansione di nonni.
3. Creare una collaborazione con nuove realtà aziendali.

E poi mi servirebbe una spugna per cancellare tutto il passato, per ripartire con qualcosa di completamente nuovo.

L'entusiasmo c'è da sempre.

Io non vivo in modo passivo... aspetto quel momento in cui riuscirò a fare le cose sopra elencate".

Federico: "Avrei bisogno di qualcuno che mi spronasse ad agire in maniera diretta e non indirettamente. Vorrei avere insieme a lui un obiettivo chiaro da raggiungere; secondo una modalità che sia dettata da una mia scelta.

Nella realtà, quando propongo qualcosa di nuovo, vengo continuamente frenato; non ho la libertà di agire. Ho iniziato a lavorare con molto entusiasmo, ma poi negli anni la mia voglia di fare è andata diminuendo ed è aumentata la voglia di vivere sempre più di rendita.

Quando sono entrato in azienda, evidenziavo l'azienda di mio padre come una cosa mia e avevo più obiettivi: far crescere la nostra impresa familiare, diventare un eccellente imprenditore e guadagnare di più.

Poi, con il passare del tempo, dopo essere stato più volte danneggiato, mi sono reso conto che la possibilità di crescere in azienda non c'era più.

Tutto doveva essere sotto l'ala di mio padre e nulla doveva sfuggire al suo controllo. Quando c'è un problema con un dipendente e glielo faccio presente invitando mio padre a considerare un licenziamento, lui si oppone perché il lavoro è sacro, perché il dipendente negli anni '70 comprava l'abitazione vicino al lavoro e quindi non lo si poteva lasciare a casa.

Ma oggi non succede più così. Le persone cambiano spesso lavoro, è diventata una routine, ma mio padre non l'accetta e preferisce subire un malessere lavorativo.

A volte ci si imbatte in veri e propri incompetenti e non si può fare nulla, si hanno le mani legate. Anzi ci si ritrova con doppio lavoro! E magari mi sento dire da lui 'Non devi fare tutto tu! Devi far lavorare i dipendenti!'.

E così, come hai sentito, in soli cinque minuti ho tutto e il contrario di tutto. Mi sono fermato, anche se a restare inattivo impazzisco. Quante giornate ho passato ad aprire e chiudere pagine web per cercare qualcosa di nuovo da fare, perché la giornata in ufficio con mio padre è davvero troppo 'vuota'.".

Leonardo: "La mia libertà finisce dove arriva mio padre e vorrei quindi avere dei ruoli ben definiti, per non intralciare il lavoro degli altri. Avrei bisogno di una migliore organizzazione aziendale che mi permettesse di essere autonomo. Questo non significa lavorare da solo, vuol dire essere nella condizione di poter gestire la situazione grazie a un team.

Per mio padre autonomia significa gestire il cliente, gestire il fornitore, gestire il corriere, gestire le persone... ma fare questo oggigiorno è impossibile.

Io invece ho sempre lui a intralciarmi. È necessario che ognuno abbia i propri compiti e occorre seguire una stessa logica, uno stesso iter di approccio al lavoro: bisogna condividere la stessa *vision*.

Inoltre, un altro aspetto importante è che non deve permettersi di delegittimarmi: nel momento in cui interviene in una discussione tra me e un cliente mi delegittima, mi fa perdere della forza e se controbatte a ciò che dico mi fa perdere anche di valore e di credibilità di fronte al cliente.

Penso che ognuno debba adeguarsi alla sfera altrui. Di base

devono esserci sempre il rispetto, l'educazione e l'impegno a mantenere la parola data".

Perché hai deciso di rimanere in azienda?
Federico: "Ho deciso di restare perché la mia situazione economica non mi permetteva di andarmene. Sinceramente avevo paura di uscire da quell'ambiente e trovare un altro lavoro altrettanto sicuro. Sono consapevole che la scelta è stata per lo più di comodo".

Leonardo: "Ho deciso di restare con mio padre perché non ho scelta, te lo dico sinceramente. Oggi non ci sono opportunità migliori. Vado con la speranza che un giorno possa decidere io in azienda; non amo dipendere da qualcuno, anche se a oggi dipendo esclusivamente da mio padre".

Cristiano: "Sono rimasto in azienda perché, ringraziando quel periodo di crisi, sono riuscito a rivedere la luce all'interno del tunnel e avevo tutte le carte in regola per portare avanti l'azienda di mio padre".

Elena: "Ora come ora, sinceramente... la comodità. La comodità di gestire meglio il mio tempo, di essere vicino a casa e per il fatto che sicuramente mio padre può capire di più – rispetto a un datore esterno – l'esigenza che posso avere a volte di assentarmi dal lavoro per seguire mio figlio.

Solo per questo, perché non ho più obiettivi chiari in azienda riguardo al mio futuro. Purtroppo in questi anni mio padre mi ha fatto capire che il suo obiettivo non è lasciare la sua azienda alle figlie; ha sempre detto che lui lavorava per noi, perché un giorno quell'azienda sarebbe stata nostra e quindi era necessario fare dei sacrifici per la famiglia.

Pertanto, se è così, l'azienda dovrebbe essere in teoria mia e di mia sorella perché di meglio non c'è (perché non ho fratelli maschi), ma questo naturalmente solo quando lo deciderà lui. Ciò è estremamente demotivante e non avrei mai pensato di esprimermi così.

Dall'altra parte penso anche che, quando una cosa è tua, puoi fare quello che vuoi. Mio padre ha creato la sua azienda e giustamente è libero di farne ciò che vuole: io e mia sorella siamo arrivate dopo".

Qual è la tua storia riguardo alla tua sensazione conflittuale dalla quale ormai da tempo non riesci a smuoverti?

Federico: "Io sono entrato in azienda convinto di lavorare anche come un forsennato (perché più lavoro, più sono contento) e sono cresciuto sia dal punto di vista lavorativo sia personalmente. Poi sono arrivato a un punto in cui o facevo il grande salto o rimanevo fermo.

Il mio culmine più alto l'ho raggiunto quando, dopo aver trovato un grosso traffico dalla Cina verso Francia e Inghilterra, mio padre è stato obbligato a lasciarmi una parte dell'azienda, perché non parlava nessuna lingua straniera. Così sono andato a cercare corrispondenti in quei Paesi.

Ho creato questa corrispondenza ed era completamente mia perché mio padre non vi poteva interferire. Ho formato il mio team, delegando compiti e impartendo ordini.

Poi un giorno è arrivata la crisi, i traffici hanno iniziato a diminuire, mio padre non voleva esporsi troppo economicamente con alcuni clienti e da lì in poi è cominciato il mio declino lavorativo, poiché mi ritrovai di nuovo bloccato da mio padre.

Nel frattempo ebbi dei problemi personali esterni all'azienda che mi indebolirono, quindi meno forze, continui martellamenti da parte di mio padre, paura della crisi finché arrivai al punto in cui ormai vivevo di rendita in un limbo, ero senza forze e con addosso la continua paura di agire e reagire.

Effettivamente ho costantemente avuto paura di mio padre, più a livello personale che lavorativo. È sempre stato rigido, mai un complimento; le mie doti mi sono sempre state fatte notare dai miei clienti, mai da lui.

Quanto mi piacerebbe lavorare in armonia con mio padre e smetterla di scontrarci tutti i giorni. Quanto mi piacerebbe saper leggere nella sua mente e capire cosa pensa veramente di me!".

Chi è l'avversario che stai incolpando?

Tutti mi hanno risposto: "Me stesso". Non uno escluso!

Anthony de Mello in un suo fantastico libro *Messaggio per un'Aquila che si crede un Pollo* scrisse: *"Il sentimento è dentro di voi, non nella realtà. Dunque smettete di tentare di cambiare la realtà. Nessuna persona al mondo ha il potere di rendervi infelice. [...]*

Non si potrà mai spiegare tutto. Perché la vita è un mistero, il che significa che la mente razionale non è in grado di comprenderla. Per questo dovete svegliarvi e improvvisamente vi renderete conto che la realtà non è problematica: il problema siete voi. [...]

Quando sbattete il ginocchio contro il tavolo, il tavolo sta benissimo. Si occupa di fare quel che dovrebbe, e cioè il tavolo. Il dolore è nel vostro ginocchio, non nel tavolo".

Provare insoddisfazioni per qualcosa può essere un grande stimolo verso un cambiamento positivo. Un giovane che è stanco del proprio lavoro alle dipendenze del proprio padre, da cui non ha più nulla, se non stress e frustrazione e nessuna possibilità di crescita, riceverà da questo malcontento una forte motivazione a cercare di migliorare la situazione all'interno dell'azienda.

Se non sarà condivisa, avrà comunque un'altra strada davanti a sé: la possibilità di cercare un'altra occupazione che gli dia nuovi stimoli e maggiori soddisfazioni.
Perché, "Quando si fa qualcosa solo per non sentirsi in colpa, si compie il peggior tipo di carità" (Anthony De Mello).

Quando Nelson Mandela, dopo un'ingiusta prigionia si insediò come presidente del Sudafrica, pronunciò queste meravigliose parole: "La nostra paura più profonda non è quella di essere inadeguati. La nostra paura più grande è che noi siamo potenti al di là di ogni misura.

È la nostra luce, non il nostro buio ciò che ci spaventa. Ci domandiamo: 'Chi sono io per essere brillante, magnifico, pieno di talento, favoloso?'.

In realtà chi sei tu per non esserlo? Tu sei un figlio dell'universo.

Il tuo giocare a sminuirti non serve al mondo. Non c'è nulla di illuminato nel rimpicciolirsi in modo che gli altri non si sentano insicuri intorno a noi. Noi siamo fatti per risplendere come fanno i bambini.

Noi siamo fatti per rendere manifesta la gloria dell'universo che è in noi. Non solo in alcuni di noi, è in ognuno di noi. E quando permettiamo alla nostra luce di risplendere, noi, inconsciamente, diamo alle altre persone il permesso di fare la stessa cosa.

Quando ci liberiamo dalle nostre paure, la nostra presenza automaticamente libera gli altri.".

Vuoi mettere la tua firma su questo questionario?
Federico: "Non so... a ogni domanda che mi facevi, continuavo a pensare se mettere oppure no la mia firma... (lungo periodo di riflessione [*n.d.a.*]).

Non voglio mettere la mia firma perché ho paura che mio padre legga quello che ho detto. Non voglio che sappia quello che penso di lui... lo deluderei.

Al momento non sono pronto ad affrontare questa paura che mi sta facendo tremare le gambe già solo mentre ne parlo. Non so se ci sarà un giorno in cui riuscirò ad affrontarla, penso sia necessario un elemento esterno che mi faccia scattare qualcosa. Ma non so cosa.

Non sono in grado adesso con le mie forze di far cambiare la realtà. O meglio, cambiare io.

Un po' di tempo fa lessi un fantastico libro di Roberto Re, *Smettila di incasinarti*, che spiegava come a molte persone è stata inculcata la paura di scegliere ciò che vogliono.

Quando a volte dentro di te si alza troppo l'energia e sale l'adrenalina del desiderio, ecco che salta il salvavita: una stupida forma di difesa verso un'ipotetica frustrazione derivante da un eventuale fallimento.

Appena senti arrivare quella fiamma del desiderio verso il raggiungimento di un tuo obiettivo, ecco che salta ancora il salvavita.

Ma salvavita non lo è perché ti fa cancellare quell'idea, magari meravigliosa, con un dialogo interno, pieno zeppo di autolimitazioni, come per esempio: 'Se fosse così facile lo farebbero tutti', oppure 'ma dove voglio andare? Meglio stare con i piedi per terra', oppure 'non sono mai contento'.".

Ricorda che non esistono fallimenti. Esistono solo risultati. Un risultato negativo ci fa capire l'errore fatto ed è utile per migliorare e raggiungere un risultato positivo. Inoltre, se falliamo, non significa essere dei falliti o dei perdenti.

Quando un bambino inizia a camminare cade tante e tante volte. Ma ogni volta si rialza e riprova, finché non impara.

RIEPILOGO DEL CAPITOLO 4:

- SEGRETO n. 1: non esiste una realtà vera, oggettiva e comune a tutti, esiste una realtà soggettiva frutto della nostra intelligenza emotiva e viviamo in questa realtà, parallelamente alla realtà personale degli altri individui.

- SEGRETO n. 2: sono le emozioni a creare il mondo che ci circonda. Ogni nostro pensiero nasce neutro, ma a esso viene associata un'emozione che guida la nostra azione, che ci porterà a un risultato, sia esso voluto oppure no.

- SEGRETO n. 3: il tuo pensiero può farti vivere, così come può ucciderti. Decidi tu se credere in te stessa oppure no.

- SEGRETO n. 4: È importante sapere cosa si vuole, perché se ci si concentra su un obiettivo chiaro e messo ben a fuoco, la nostra mente vivrà in anticipo le sensazioni positive che derivano dall'idea di raggiungerla e naturalmente ci si muoverà verso la meta senza paura e resistenze.

- SEGRETO n. 5: occorre imparare a dire di "no", altrimenti subiremo costantemente il mondo esterno; il "no" è la chiave per uscire da quella famosa ruota del criceto, in cui quotidianamente si corre sempre più veloce, senza capire dove si sta andando.

Capitolo 5:
Come lavorare serenamente in azienda

"La vita è come le stagioni"
(Jim Rohn)

Tu hai già passato il tuo periodo critico... mi dai una soluzione?

Cristiano: "Per prima cosa occorre trovare un professionista che ti aiuti dall'esterno, affinché tu possa capire in realtà cosa vuoi diventare, cosa vuoi fare e cosa vuoi essere. Da solo, se entri in quel periodo di crisi, non ce la puoi fare.

Hai bisogno di persone giuste che ti diano una mano a uscire da quel tunnel buio o che ti aiutino a trovare dentro di te quell'interruttore per accendere la luce; solo grazie a essa, si inizia a vedere la strada e puoi così iniziare almeno a camminare per capire dove ti può condurre.

Penso che la famiglia non possa aiutarti. I nostri padri

sicuramente avranno anche loro superato dei periodi di crisi, facendo tutto da soli, ma oggi non ci si riesce più: abbiamo talmente tante cose da seguire, da fare e a cui pensare che la pressione della vita quotidiana oscura il nostro focus e non ci permette di essere obiettivi di fronte a certe situazioni.

Oggi sono felice di urlare al mondo intero che sto pianificando con mio padre il passaggio generazionale.".

Nicola: "Occorre affrontare la propria paura. La paura non è altro che un'anticipazione di qualcosa che accadrà presto e quindi, per affrontarla, è necessario capirne il motivo e scoprire da cosa ha origine, e prepararsi mentalmente prima sul che cosa fare.

Per tanto tempo ho avuto timore di affrontare i miei genitori, poi un giorno, dopo essermi preparato mentalmente su ciò che dovevo dire e fare, l'ho fatto, e con molta calma ho spiegato loro quali erano i miei obiettivi.

Mi hanno compreso e oggi ho la fortuna di avere il loro aiuto nella gestione familiare. Sono dei fantastici nonni!".

Su Amazon, se cerchi un libro inerente al rapporto tra genitori e figli, hai l'imbarazzo della scelta, soprattutto quando si parla di bambini o adolescenti, fino al termine del periodo scolastico.

Ma dopo la scuola superiore o l'università, il figlio non ha più bisogno dei genitori? Ai genitori non interessa più continuare ad avere un buon rapporto con i propri figli adulti?

Penso che per i figli sia sempre molto importante sentirsi dire "bravi" dai propri genitori, anche se sono diventati adulti, e vedere negli occhi del proprio padre, quando ti osservano, quella luce che sembra dirti: "Che soddisfazione avere un figlio come te!".

Il bisogno di amore non scompare dopo i vent'anni; il bisogno di sentirsi adeguati e il bisogno di essere considerati a posto dai propri genitori non scompare dopo che la scuola è finita... le emozioni rimangono sempre e sempre vanno coltivate!

Sono loro che ti guidano, sono loro che ti danno la forza per andare avanti e sono sempre loro a farti finire fuori strada.

I genitori devono imparare a dire più spesso "Ti voglio bene" ai propri figli, indipendentemente dall'età che si ha e ricordare sempre a loro che mai li deluderanno, qualsiasi situazione essi dovranno affrontare.

Purtroppo, invece, quando i figli diventano adulti, in taluni casi sembra che i genitori si vergognino di dire qualche cosa di carino al proprio figlio, "Tanto ormai lo sa... lo sa che tutto quello che faccio è per lui", argomentazioni che spesso usano per giustificarsi.

È molto più facile litigare con il proprio figlio, perché "serve per aiutarlo a crescere e temprarlo affinché capisca che in azienda non è come in casa", si dicono ancora una volta per giustificarsi.

Il vero rischio che corrono i genitori è proprio questo: se dimostrano emozioni, si sentono vulnerabili e quindi cercano di evitare simili situazioni. Questo schema rischia di privare loro delle sensazioni fantastiche e di allontanarsi dalle cose importanti della vita.

Ma i figli che entrano in azienda sono *in primis* figli e poi dipendenti. Il titolare genitore non può permettersi di dimenticare questo concetto: non solo dovrà insegnare loro il lavoro come a qualsiasi altro dipendente, ma dovrà insegnare e trasmettere loro i suoi valori; nello stesso tempo dovrà imparare e capire i valori del proprio figlio.

Solo quando ci sarà un allineamento dei valori tra i due, inizieranno a esserci una coesione e una maggiore spinta per andare avanti.

Ma cosa sono i valori? I valori sono tutto ciò che vi è caro, tutto ciò che vi fa stare bene, sono i più importanti stati emozionali: amore, amicizia, sicurezza ecc. Quando viviamo in linea e in armonia con i nostri valori, stiamo bene, siamo felici e soddisfatti.

Ma i valori non sono uguali per tutte le persone. Per esempio il rispetto, per me un valore estremamente importante, è indispensabile perché si possa vivere insieme serenamente.

Ma c'è un problema: le persone hanno le proprie regole e pertanto ciò che significa rispetto per me, a volte non significa la stessa cosa per gli altri. Per alcuni dare del "lei" è una dimostrazione di rispetto, per altri è solo un modo per mantenersi distaccati e che in fondo non serve.

Avere dunque troppe regole rigide può portare maggiormente a degli scontri con gli altri.

RIEPILOGO DEL CAPITOLO 5:

- SEGRETO n. 1: i figli che entrano in azienda sono *in primis* figli e poi sono dipendenti.

- SEGRETO n. 2: per andare avanti nell'azienda di famiglia, con il padre, è necessario che ci sia un allineamento di valori.

- SEGRETO n. 3: i valori sono delle super-credenze che indicano in che direzione stiamo andando: conoscere i valori del proprio padre, senza dare per scontato che corrispondano ai propri, ti permetterà di capirlo di più.

- SEGRETO n. 4: non fissarti su regole troppo rigide, possono incrinare il rapporto con i propri familiari.

- SEGRETO n. 5: i figli, anche se un po' cresciuti, hanno sempre bisogno di sentirsi dire "Ti voglio bene" dai propri genitori.

Conclusione

Da sempre ho amato il rispetto. Da sempre ho combattuto le ingiustizie e il maschilismo. Da sempre ho amato me stessa e sapevo di essere una persona fantastica, anche se a volte lo dimenticavo o me lo facevano dimenticare.

Ma a volte capita nella vita che ci si imbatta in qualche moscerino che ti entra nell'occhio quando meno te lo aspetti.

Subito prendi paura, l'immagine si offusca, l'occhio ti fa male e inizi a piangere, ma quelle lacrime sono funzionali: servono a far uscire quel moscerino, prima o poi uscirà e l'immagine finalmente ritornerà a fuoco.

Solo allora capirai quanto è bello godere del presente, quando gli occhi potrebbero vedere a fuoco senza difficoltà, ma che in realtà sono più ciechi di quando ti era entrato il moscerino.

Solo quando avrai superato il fastidio di quel moscerino benedirai il tuo passato, amerai ancora di più tuo padre e godrai del tuo futuro. Solo quando scoprirai la missione della tua vita, tutto il mondo si animerà.

Quando non riesci a esprimerti in azienda come vorresti, è come andare a sbattere continuamente contro un muro, con la speranza che prima o poi il muro possa cadere e che tuo padre ti possa capire, il tutto cercando di non sentire il male.

Poi un giorno ti rendi conto che il male alla testa è così forte che non riesci più a proseguire.

Inizialmente rallenti un po', magari ti fermi per qualche giorno mentre prendi qualche antinfiammatorio e finalmente la testa non fa più male, e allora si ricomincia a battere la testa contro il muro. "Tanto, prima o poi, riuscirò a buttarlo giù quel muro!", – ti continui dire.

Quest'azione può durare un giorno come può durare anni, se non l'intera vita. Tutto dipende da quanto tempo servirà per far uscire quel "moscerino" dal tuo occhio.

Un giorno forse ti renderai conto che continuare a sbattere la testa contro quel muro ti porterà ad altre gravi conseguenze di salute (non solo mal di testa, magari gravi traumi cranici) e capirai che forse per raggiungere ciò che vuoi occorre cambiare strada.

A volte basta solo alzare lo sguardo e provare a guardare se c'è una via alternativa e spesso è proprio lì accanto a te che mai ti eri accorto, perché troppo intento a picchiare contro il muro.

Il mio augurio è che tutti i giovani che intraprendono il viaggio del e con il proprio padre, non si limitino a fare ciò che viene loro imposto.

C'è un bellissimo testo di Charlie Chaplin che vorrei che qualsiasi giovane imprenditore se lo facesse suo, perché prima di riuscire a vivere in armonia con gli altri, genitori compresi, è necessario che impari ad amare sé stesso.

"Com'è imbarazzante aver voluto imporre a qualcuno i miei desideri, pur sapendo che i tempi non erano maturi e la persona non era pronta, anche se quella persona ero io. Oggi so che questo si chiama "rispetto".

Quando ho cominciato ad amarmi davvero, ho smesso di desiderare un'altra vita e mi sono accorto che tutto ciò che mi circonda è un invito a crescere. Oggi so che questo si chiama "maturità".

Quando ho cominciato ad amarmi davvero, ho capito di trovarmi sempre ed in ogni occasione al posto giusto nel momento giusto e che tutto quello che succede va bene. Da allora ho potuto stare tranquillo. Oggi so che questo si chiama "stare in pace con sè stessi".

Quando ho cominciato ad amarmi davvero, ho smesso di privarmi del mio tempo libero e di concepire progetti grandiosi per il futuro. Oggi faccio solo ciò che mi procura gioia e divertimento, ciò che amo e che mi fa ridere, a modo mio e con i miei ritmi. Oggi so che questo si chiama "sincerità".

Quando ho cominciato ad amarmi davvero, mi sono liberato da tutto ciò che non mi faceva del bene: persone, cose, situazioni e tutto ciò che mi tirava verso il basso allontanandomi da me stesso... all'inizio lo chiamavo "sano egoismo", ma oggi so che questo è "amore di sé".

Quando ho cominciato ad amarmi davvero, ho smesso di voler avere sempre ragione. E così ho commesso meno errori. Oggi mi sono reso conto che questo si chiama "semplicità".

Quando ho cominciato ad amarmi davvero, mi sono reso conto che il mio pensiero può rendermi miserabile e malato. Ma quando ho chiamato a raccolta le energie del mio cuore, l'intelletto è diventato un compagno importante. Oggi a questa unione do il nome di "saggezza interiore".

Non dobbiamo continuare a temere i contrasti, i conflitti e i problemi con noi stessi e con gli altri perché perfino le stelle, a volte, si scontrano fra loro dando origine a nuovi mondi.

Oggi so che tutto questo è "la vita".

Se sentite il desiderio di fare qualcosa, fatelo, indipendentemente da ciò che dicono o credono gli altri: saranno solo i fatti a darvi ragione, non le parole.

Abbiate il coraggio di agire! Uscite dalla vostra zona di comfort: a volte per ottenere i risultati migliori è necessario andare fuori dal proprio recinto di sicurezza.

Non cadiamo nelle abitudini, perché sono un fantastico strumento per soddisfare il bisogno primario dell'essere umano e cioè il bisogno di sicurezza.

Steve Jobs disse: "Non è possibile unire i puntini guardandovi avanti, potete solo unirli girandovi e guardandoli indietro. Quindi dovete avere fiducia nel fatto che in futuro i puntini in qualche modo si uniranno.

Dovete credere in qualcosa, il vostro intuito, il destino, la vita, il karma, qualunque cosa. Questo tipo di approccio non mi ha mai lasciato a piedi e ha sempre fatto la differenza nella mia vita!".

TU ARRIVERAI FIN DOVE CREDI
DI POTER ARRIVARE.
FINO A QUEL PUNTO. NON OLTRE.

Dedica del tempo per capire dove vuoi andare e chi vuoi essere, non farti prosciugare dalla ruota del criceto!

C'è una bellissima storia che narra:
"C'era una volta un boscaiolo che si presentò a lavorare in una segheria. Il salario era buono, il padrone simpatico, il lavoro semplice: abbattere alberi. Il capo reparto gli diede un'ascia, gli assegnò il pezzo di bosco e gli augurò buon lavoro. Alla sera aveva abbattuto diciotto alberi.
'Complimenti', gli disse il capo reparto. 'Avanti così'.

Il giorno dopo, esaltato dall'incoraggiamento del capo, si diede subito da fare nel tentativo di superare il risultato del giorno precedente. Fatica, impegno, entusiasmo. Ma, alla sera, gli alberi abbattuti erano solo quindici. Strano!

Preparò con cura la cena, andò a letto presto, convinto che la

127

stanchezza non avesse giocato un brutto scherzo. La terza sera erano dieci. Nonostante la determinazione e l'impegno, ogni giorno gli alberi abbattuti diminuivano.

Stanco, umiliato e avvilito, andò dal capo reparto con l'intenzione di licenziarsi. Non era il suo lavoro. Sparito l'entusiasmo, la fatica era diventata massima. 'Scusi, ma…'
Il capo reparto non lo lasciò proseguire: 'Quando è stata l'ultima volta che ha affilato l'ascia?'".
La morale è che ogni tanto occorre fermarsi per affilare l'ascia e capire effettivamente cosa vuoi tu e chi sei veramente. Così da poter mettere a fuoco la visione.

"Nessun vento è favorevole per il marinaio
che non sa a quale porto vuole approdare"
Seneca

Alcuni suggerimenti per i genitori:
1. Le aspettative che avete nei confronti dei vostri figli possono condizionare la qualità della vostra comunicazione con loro e in definitiva il loro rendimento. Il poco ascolto, la cattiva

comunicazione e il pregiudizio sono i principali "killer" del rapporto genitore-figlio! Quindi, imparate a scoprire i talenti di vostro figlio: esistono, sono lì pronti a esplodere! Non soffocateli con le vostre paure, credenze o quant'altro.

2. Imparate a delegare, perché per quanto lo vorrete, non riuscirete mai ad avere il controllo totale di ogni situazione. Delegare significa imparare ad avere fiducia, soprattutto nel proprio figlio.

3. Premiate i vostri figli, se fanno bene, fate in modo che dentro di loro sia sempre accesa la fiamma dell'entusiasmo: solo lei può aiutarli ad affrontare le difficoltà della vita lavorativa.

4. Cercate di conoscere i valori di vostro figlio, senza dare per scontato che corrispondano ai vostri: questo vi permetterà di capirlo maggiormente.

Si sa, purtroppo ogni giorno dobbiamo far fronte a problematiche diverse e senza passione come potremmo andare avanti? E comunque, noi figli, lo sappiamo che ci amate. Lo sappiamo che avete stima di noi, anche se non ce lo dite.

Lo sappiamo che fareste di tutto per vederci felici, ma nello stesso che vi da un po' noia che dei giovincelli cerchino di togliervi un po' di autorità. E sappiamo che tutto quello che avete e state facendo è anche per la vostra famiglia.

Ma sappiate che ci avete permesso di salire sulla vostra auto e sappiate che nei lunghi viaggi, chi guida prima o poi ha bisogno di riposarsi e riprendere le energie. Vi assicuro che il figlio non vede l'ora di sentirsi dire "pensaci tu" e sono certa che farà di tutto per arrivare a destinazione prima che il padre si risvegli.

"Tieni sempre presente che la pelle fa le rughe,
i capelli diventano bianchi,
i giorni si trasformano in anni.

Però ciò che è importante non cambia;
la tua forza e la tua convinzione non hanno età.
Il tuo spirito è la colla di qualsiasi tela di ragno.

Dietro ogni linea di arrivo c'è una linea di partenza.
Dietro ogni successo c'è un'altra delusione.

Fino a quando sei viva, sentiti viva.

Se ti manca ciò che facevi, torna a farlo.

Non vivere di foto ingiallite…

Insisti anche se tutti si aspettano che abbandoni.

Non lasciare che si arrugginisca il ferro che c'è in te.

Fai in modo che invece che compassione, ti portino rispetto.

Quando a causa degli anni

non potrai correre, cammina veloce.

Quando non potrai camminare veloce, cammina.

Quando non potrai camminare, usa il bastone.

Però non trattenerti mai!" (Madre Teresa di Calcutta).

www.ingramcontent.com/pod-product-compliance
Lightning Source LLC
Chambersburg PA
CBHW062042200326
41519CB00017B/5105